MANUEL

DU

BANQUIER,

DE

L'AGENT DE CHANGE

ET DU COURTIER.

PARIS,

RORET, LIBRAIRE, RUE HAUTEFEUILLE,

AU COIN DE CELLE DU BATTOIR.

MANUEL
DU BANQUIER,

DE
L'AGENT DE CHANGE
ET DU COURTIER,

CONTENANT

LES LOIS ET RÉGLEMENS

QUI S'Y RAPPORTENT, LES DIVERSES OPÉRATIONS DE CHANGE, COURTAGE ET NÉGOCIATIONS DES EFFETS A LA BOURSE.

PAR M. PEUCHET.

PARIS,

A LA LIBRAIRIE ENCYCLOPÉDIQUE DE RORET,
RUE HAUTEFEUILLE, AU COIN DE CELLE DU BATTOIR.

1829.

AVANT-PROPOS.

L'importante partie des connaissances commerciales que l'on traite ici n'avait point encore été présentée sous une forme méthodique, sommaire, et dégagée des obscurités et des détails inutiles qui se rencontrent dans les ouvrages dont la même matière fait le sujet. Nous avons eu pour objet d'y suppléer ; et, dans ce que nous avons dit des Banquiers, Agens de change et Courtiers, nous avons eu soin aussi de nous appuyer des lois et réglemens qui constituent leurs droits et leurs obligations, attention peut-être trop négligée des auteurs qui ont écrit sur les mêmes objets.

Nous avons divisé tout ce que nous avions à dire en cinq parties générales :

1°. Des fonctions, attributions du Banquier, et des opérations de banque, et en particulier de celle de France ;

2°. Des fonctions et attributions de l'Agent de change, et des négociations dont il est exclusivement chargé dans les transactions relatives aux effets publics et affaires de commerce;

3°. Des attributions, fonctions et opérations des Courtiers dans la vente et l'achat des marchandises;

4°. Des bourses de commerce, des opérations diverses qui s'y font par les Agens de change et les Courtiers;

5°. Enfin, de la Bourse de Paris en particulier, avec l'explication des nombreuses transactions qui s'y opèrent sur les effets publics et les négociations de banque.

Nous avons consulté surtout, en traitant des opérations de la Bourse, quelques ouvrages qui ont reçu l'accueil du public, chacun dans leur genre, tels que : l'*Essai sur les fonds publics de France et les opérations de la Bourse*, par M. Bresson; le *Répertoire à l'usage des Négocians*, par M. Minou; l'*Essai sur la Bourse de Paris*, par M. Lamst; enfin le *Précis sur les diverses manières de spéculer sur les fonds publics à l'usage de la Bourse de Paris*, par M. Bizet. Nous serions injustes de ne pas reconnaître les services que nous avons retirés de ces productions, ainsi que des *Tarifs* ou *Comptes-faits de l'escompte*, par M. Noiret, employé à la Banque de France.

Nous citerons encore ici honorablement, comme nous l'avons fait dans notre *Manuel du Négociant*, l'excellent ouvrage *sur la Législation et l'Administration du Commerce*, par M. Vincens, maître des requêtes, chef de la division du commerce et manufactures au ministère du commerce, 3 volumes in-8°, 1821. Nous en avons emprunté plusieurs passages relatifs aux droits et priviléges établis en faveur des Banquiers et Agens de change et des Courtiers de commerce. Nous ne pouvions appuyer notre opinion et les documens que nous présentons de plus sûres garanties. Enfin, le *Code de Commerce* et le *Traité des Agens de change et Courtiers de commerce*, du *Dépôt des Lois*, nous ont également guidé pour tout ce que nous avons dit de ces officiers de commerce dans notre *Manuel.*

Nous avons pensé que ce serait ajouter à l'utilité de ce Manuel, et faciliter la connaissance des lois et réglemens qui s'y rapportent, que d'en placer ici un *Tableau chronologique :* nous y avons réuni les autres ordonnances et actes du gouvernement qui établissent des sociétés anonymes ou en commandite, dont les *actions* se négocient à la Bourse par le ministère des Agens de change, et qui ne se trouvaient rappelés dans aucun livre élémentaire de commerce.

TABLEAU CHRONOLOGIQUE

DES

LOIS, ORDONNANCES ET RÉGLEMENS

RELATIFS AUX BANQUIERS, AGENS DE CHANGE,
COURTIERS ET BOURSES DE COMMERCE.

1572. Juin. — Édit relatif aux courtiers, tant de change et de deniers, que de draps de soie, laines, toiles, cuirs et autres sortes de marchandises ; de vins, blés et autres grains ; de chevaux, et de tout autre bestial.

1595. 15 avril. — Arrêt du Conseil d'État sur les offices de courtiers de change et banque, et du nombre d'iceux ès principales villes du royaume.

1598. 17 mai. — Arrêt du Conseil d'État pour l'exécution de l'édit du mois de juin 1572.

1629. Janvier. — Extrait de l'ordonnance de Louis XIII.

1673. Mars. — Extrait de l'ordonnance du commerce.

1705. Juillet. — Édit portant création de deux offices d'agens de change à Paris.

1705. Décembre. — Édit portant création de cent seize offices d'agens de change.

1706. 10 avril. — Arrêt du Conseil d'État portant

défenses à tous agens de change supprimés, facteurs, caissiers, commis, commissionnaires et
banquiers non marchands à Paris, de proposer,
traiter ni conclure aucune négociation, ni d'agir
au fait de banque, change, commerce et finance
pour le compte d'autrui, ni pour leur compte
particulier dans Paris, sinon par l'entremise des
conseillers du Roi, agens de banque, change,
commerce et finance, créés par édit du mois de
décembre 1705.

1708. Août. — Édit portant suppression des vingt
offices d'agens de change à Paris, créés par édit
du mois de décembre 1705, et création de quarante autres pareils offices pour ladite ville.

1709. 3 septembre. — Déclaration du Roi, qui fait
défenses à toutes personnes de faire aucunes des
fonctions attribuées aux agens de change.

1709. 7 décembre. — Déclaration du Roi, qui accorde aux quarante offices d'agens de change à
Paris, l'exemption de taille, ustensile et autres
charges.

1711. 24 mars. — Arrêt du Conseil d'État portant
décharge du paraphe des registres des agens de
change, et de la somme de deux cent cinquante
mille livres.

1713. Mai. — Édit qui attribue des augmentations
de gages aux agens de change à Paris.

1714. 13 juillet. — Déclaration du Roi, qui ordonne que les agens de change de la ville de Paris seront tenus d'acquérir dix mille livres d'augmentations de gages, au lieu de vingt mille qui leur avaient été attribuées par édit du mois de mai 1713.

1714. 2 octobre. — Réglement des quarante conseillers du Roi agens de banque, change, commerce et finance de Paris, pour l'élection des syndics, et pour la réception des officiers.

1714. Novembre. — Édit portant création de vingt nouvelles charges d'agens de change à Paris.

1720. 30 août. — Arrêt du Conseil d'État portant suppression des soixante offices d'agens de change créés par les édits des mois d'août 1708 et novembre 1714; et qui ordonne qu'il sera établi soixante agens de change par commission.

1720. 30 août. — Réglement que Sa Majesté veut et entend être gardé et observé par les conseillers du Roi agens de change, banque, commerce et finance, établis en conséquence de l'arrêt du Conseil d'État du Roi de ce jour.

1720. 25 octobre. — Arrêt du Conseil d'État pour l'établissement des soixante agens de change.

1723. Janvier. — Édit portant suppression des offices d'agens de change établis dans la ville de Paris, et création de soixante nouveaux offices d'agens de change, banque et commerce dans ladite ville.

1724. 24 septembre. — Arrêt du Conseil d'État portant établissement d'une Bourse dans la ville de Paris pour les négociations des lettres de change, billets au porteur et à ordre, et autres papiers commerçables, et des marchandises et effets ; et pour y traiter des affaires de commerce, tant de l'intérieur que de l'extérieur du royaume.

1724. 14 octobre. — Arrêt du Conseil d'État qui commet soixante agens de change pour faire les négociations de toutes lettres de change de place en place, et autres effets.

1726. 26 février. — Arrêt du Conseil d'État concernant la négociation des actions de la Compagnie des Indes, et des autres effets et papiers commerçables.

1726. 27 février. — Arrêt du Conseil d'État qui défend de commercer les lettres de change et autres · papiers, autrement qu'en nouvelles espèces.

1733. 22 décembre. — Arrêt du Conseil d'État concernant les négociations d'effets, et portant réduction du nombre des agens de change à quarante.

1736. 17 juillet. — Ordonnance de M. le lieutenant-général de police, qui condamne plusieurs particuliers en six mille livres d'amende chacun, et leur interdit pour toujours l'entrée de la

Bourse, pour s'être immiscés dans les fonctions d'agens de change.

1740. 17 mai. — Arrêt du Conseil d'État, qui ordonne que les négociations des actions et autres papiers commerçables ne pourront être faites que par deux agens de change, dont le nombre demeurera fixé à quarante ; lesquels seront inscrits sur un tableau, à la Bourse, suivant la liste arrêtée par M. Feydeau de Marville, lieutenant-général de police.

1747. 10 juin. — Arrêt du Conseil d'État, qui commet le sieur Berrier, lieutenant-général de police, pour, au lieu et place du sieur Feydeau de Marville, tenir la main à l'exécution de l'arrêt du Conseil du 22 décembre 1733, concernant les négociations des actions et autres papiers commerçables.

1766. 21 avril. — Arrêt du Conseil d'État, qui fait défenses aux négocians et autres, dont les affaires ont été dérangées, de fréquenter la Bourse.

1772. 29 mars. — Déclaration du Roi, concernant les agens de change de Lyon.

1774. 30 mars. — Arrêt du Conseil d'État, interprétatif des précédens réglemens sur les négociations et la police de la Bourse.

1775. 24 juin. — Arrêt du Conseil d'État, concernant le nombre des agens de change, etc.

1781. 26 novembre. — Arrêt du Conseil d'État, portant réglement pour la compagnie des agens de change ; pour le cautionnement qui sera exigé à l'avenir, et pour le nombre et la police des aspirans.

1784. 5 septembre. — Réglement que Sa Majesté veut et entend être gardé et observé par les agens de change de la ville de Paris, et par les courtiers qui sont ou seront admis à suivre la Bourse.

1785. 7 août. — Arrêt du Conseil d'État qui renouvelle les ordonnances et réglemens concernant la Bourse, et proscrit les négociations abusives.

1785. 2 octobre. — Arrêt du Conseil d'État portant nomination de commissaires pour la liquidation des marchés à terme et compromis d'effets royaux ou autres quelconques, en exécution de l'arrêt du 7 août dernier.

1786. 19 mars. — Déclaration du Roi concernant l'établissement des offices d'agens de change, créés pour la ville de Paris, par édit de janvier 1723.

1786. 10 septembre. — Arrêt du Conseil d'État qui fixe le nombre des offices des agens de change de Paris ; leur accorde l'hérédité ; les autorise à se servir de commis, et règle la quotité des gages qui leur sont attribués.

1786. 11 septembre. — Arrêt du Conseil d'État qui ordonne l'exécution d'une délibération prise le 7 juillet dernier par les agens de change de Paris, pour régler le choix de leurs commis, ainsi que leur service et leurs obligations.

1786. 22 septembre. — Arrêt du Conseil d'État qui, en confirmant les dispositions de ceux des 7 août et 2 octobre 1785, contre l'agiotage, y ajoute la défense de faire des marchés à terme d'effets royaux ou autres effets publics ayant cours à la Bourse, dont la livraison s'étende au-delà de deux mois.

1786. 4 novembre. — Lettres-patentes en exécution de l'arrêt du Conseil d'État du 10 septembre dernier.

1786. 2 décembre. — Arrêt du Conseil d'État contenant réglement pour la compagnie des agens de change.

1787. 28 janvier. — Lettres-patentes qui ordonnent que les gages des offices d'agens de change de Paris, qui avaient été fixés sur le pied du denier vingt-cinq, leur seront payés sur le pied du denier vingt, avec la retenue du dixième seulement, et ce, à compter du premier jour du trimestre dans lequel ils ont payé ladite finance.

1787. 14 juillet. — Arrêt du Conseil d'État par lequel le Roi révoque la commission établie par l'arrêt du 22 septembre 1786, renvoie devant les juges ordinaires les instances relatives aux marchés illicites d'effets publics, et ordonne qu'à l'exception des actions de la Caisse d'Escompte, aucuns des papiers et effets des compagnies et associations particulières, ne pourront être négociés à la Bourse de Paris, que comme des billets et lettres de change entre particuliers.

1788. 10 juin. — Arrêt du Conseil d'État qui fixe irrévocablement les offices d'agens de change au nombre de soixante, et à la finance de cent mille livres.

1791. 17 mars. — Extrait de la loi portant suppression de tous les droits d'aides, suppression de toutes les maîtrises et jurandes, et établissement de patentes.

1791. 30 mars. — Loi portant que les courtiers et agens de change, de commerce et de banque, pourront continuer leurs fonctions jusqu'au 15 avril.

1791. 6 mai. — Loi sur la liquidation des offices des agens de change.

1791. 8 mai. — Loi relative aux offices et commissions d'agens et courtiers de change, de banque et d'assurances, tant de terre que de mer, conducteurs-interprètes et autres.

1792. 29 juillet. — Loi sur les difficultés qui s'élèvent dans les tribunaux relativement aux agens de change.

1793. 27 juin. — Décret qui ordonne la fermeture de la Bourse.

1793. 9 septembre. — Décret sur la levée des scellés mis chez les banquiers et agens de change.

An III. 6 floréal. — Extrait de la loi qui déclare que le numéraire en or et en argent est marchandise, et autorise l'ouverture des lieux connus sous le nom de *Bourse*.

An III. 15 floréal. — Décret d'ordre du jour motivé, relatif à des réglemens de police pour l'exécution du décret qui ordonne que les Bourses seront rouvertes.

An III. 4 thermidor. — Extrait de la loi portant établissement de patentes pour l'exercice de toute espèce de commerce.

An III. 13 fructidor. — Loi portant défense de vendre dans d'autres lieux qu'à la Bourse, de l'or et de l'argent, etc.

An IV. 20 vendémiaire. — Loi qui défend toutes négociations en blanc de lettres de change ou autres effets de commerce.

An IV. 20 vendémiaire. — Loi portant que le cours du change et celui de l'or et de l'argent, soit monnoyés, soit en barres, seront réglés chaque jour à l'issue de la Bourse.

An IV. 28 vendémiaire. — Loi sur la police de la Bourse.

An IV. 18 nivose. — Arrêté qui place la Bourse dans l'église des Petits-Pères.

An IV. 20 nivose. — Arrêté concernant la tenue de la Bourse.

An IV. 7 pluviose. — Arrêté qui accorde aux négocians étrangers l'entrée de la Bourse.

An IV. 15 pluviose. — Arrêté sur la manière de constater le cours des effets publics.

An IV. 2 ventose. — Arrêté portant réglement concernant la Bourse.

An VI. 8 nivose. — Loi relative à la formation d'un nouveau grand-livre du tiers consolidé de la dette publique.

An VII. 22 pluviose. — Loi qui prescrit des formalités pour les ventes d'objets mobiliers.

An VII. 28 floréal. — Loi relative aux transferts de la dette publique.

An VIII. 12 messidor. — Extrait de l'arrêté qui détermine les fonctions du préfet de police de Paris.

An IX. 28 ventose. — Loi relative à l'établissement des Bourses de commerce, et motifs de ladite loi.

An IX. 29 germinal. — Arrêté relatif à la désignation des villes où devront être établies des Bourses de commerce, à l'organisation et à la police de ces Bourses.

An IX. 12 prairial. — Arrêté portant établissement d'une Bourse de commerce à Lyon.

An IX. 3 messidor. — Arrêté portant établissement d'une Bourse de commerce à Paris.

An IX. 26 messidor. — Tarif sur lequel les droits de commission et de courtage des agens de change et des courtiers de commerce doivent être perçus dans la ville de Paris.

An IX. 1er thermidor. — Arrêté portant nomination des agens de change près la Bourse du commerce de Paris.

An IX. 1er thermidor. — Ordonnance du préfet de police concernant la police de la Bourse.

An X. 27 prairial. — Arrêté concernant les Bourses de commerce.

An X. 10 fructidor. — Délibération de la chambre syndicale des agens de change de Paris, concernant l'exécution de l'arrêté du 27 prairial an X (16 juin 1802).

An XI. 12 brumaire. — Arrêté concernant la perception et l'emploi des contributions destinées à l'entretien des bâtimens affectés à la tenue des Bourses de commerce.

An XI. 3 nivose. — Arrêté portant établissement de chambres de commerce dans plusieurs villes.

An XI. 3 germinal. — Arrêté concernant les courtiers pour le service de la Bourse d'Orléans.

An XI. 1er floréal. — Arrêté relatif aux agens de change et courtiers établis pour le service de la Bourse de Lyon.

fet de police concernant la translation de la Bourse sur le terrain des Filles Saint-Thomas.

1818. 17 juin. — Ordonnance du Roi, qui porte à huit le nombre des courtiers d'assurances maritimes créés près la Bourse de Paris.

1818. 1er juillet. — Ordonnance du Roi, portant que le tribunal et la chambre de commerce de Paris concourront à la formation du tableau des marchandises que les courtiers peuvent vendre.

1819. 13 janvier. — Ordonnance du Roi, qui accorde aux propriétaires de reconnoissances de liquidation la faculté de les déposer au trésor royal et de les y échanger contre des récépissés transférables par endossement.

1819. 9 avril. — Ordonnance du Roi, concernant les ventes publiques de marchandises par le ministère des courtiers.

1819. 14 avril. — Loi relative à l'ouverture, dans chaque département, d'un livre auxiliaire du grand-livre de la dette publique.

1819. 14 avril. — Ordonnance du Roi, relative à l'exécution de la loi du 14 avril 1819, qui autorise l'ouverture, dans chaque département, d'un livre auxiliaire du grand-livre de la dette publique.

1819. 14 avril. — Extrait de l'instruction adressée par le ministre des finances aux receveurs généraux, pour le service des grands-livres de la dette publique dans les départemens, en exécution de la loi du 14 avril 1819.

1819. 14 avril. — Ordonnance du préfet de police, concernant la police de la Bourse de Paris.

1819. 17 juillet. — Extrait de la loi des finances.

1820. 1ᵉʳ mars.—Ordonnance du Roi, portant révocation, après deux mois de sa promulgation, des agens de change et courtiers qui n'auront point fait les cautionnemens exigés par la loi de finances du 28 avril 1816.

1820. 10 juillet. — Loi relative à une imposition additionnelle pour l'achèvement de la Bourse de Paris.

1821. 26 février. — Arrêté du ministre des finances, relatif aux transferts de rentes sur l'État.

1821. 8 mars.—Loi relative au remboursement du premier cinquième des reconnaissances de liquidation.

1821. 14 mars. — Ordonnance du Roi portant réglement pour l'exécution de la loi du 8 mars 1821, relative au remboursement du premier cinquième des reconnaissances de liquidation.

1821. 30 mai. — Ordonnance du Roi relative à l'échange des reconnaissances de liquidation au porteur, et à leur conversion facultative en reconnaissances nominatives.

1821. 8 juillet. — Ordonnance du Roi qui autorise le ministre des finances à vendre, avec publicité et concurrence, les douze millions cinq cent quatorze mille deux cent vingt francs de rentes, cinq pour cent consolidés, appartenant au trésor royal.

1821 20 août. — Arrêté du ministre des finances, concernant les annuités, le montant et la distribution des primes et lots.

1821. 21 novembre. — Ordonnance du Roi qui prescrit des mesures pour le remboursement des quatre derniers cinquièmes restant à échoir des reconnaissances de liquidation.

1822. 30 janvier. — Ordonnance du Roi contenant de nouvelles mesures réglementaires relatives aux transferts de rentes cinq pour cent consolidés, à l'époque de l'ouverture de chaque semestre.

1822. 10 février. — Ordonnance du Roi concernant le remboursement des reconnaissances de liquidation, finales 5 et 7.

1822. 1er mai. — Extrait de la loi des finances.

1823. 25 janvier. — Ordonnance du préfet de police concernant la Bourse de Paris.

Ordonnances du Roi, arrêtés et réglemens relatifs à des compagnies de finance ou sociétés commerciales.

An ix. 24 ventose (15 mars 1801). — Loi qui autorise la perception d'un droit de passage sur les ponts des Arts, de la Cité et d'Austerlitz, concédé jusqu'en 1897 à une compagnie qui en a fait les fonds.

1816. 14 septembre. — Ordonnance qui autorise la Société anonyme d'Assurance mutuelle contre l'Incendie pour la ville de Paris.

1817. 14 mai. — Ordonnance royale qui autorise la ville de Paris à émettre 30,000 actions au porteur de 1000 fr. chacune.

1818. 22 avril et 24 septembre. — Ordonnance qui autorise l'établissement d'une compagnie d'assurances générales maritimes à Paris.

1819. 1er septembre. — Ordonnance du Roi qui autorise l'établissement d'une compagnie d'assurances à prime contre l'incendie, sous le nom de *Compagnie du Phénix*.

1819. 8 décembre, et 14 décembre 1820. — Ordonnance du Roi qui autorise l'établissement d'une caisse de survivance et d'accroissement avec remboursement de capitaux.

1819. 22 décembre, 30 mai et 6 septembre 1820.— Ordonnance qui autorise l'établissement d'une compagnie d'assurances générales sur la vie des hommes.

1820. 11 février. — Ordonnance royale qui établit une compagnie royale d'assurances contre l'incendie.

1820. 20 avril, et 21 mars 1821. — Ordonnance

royale qui autorise l'établissement d'une agence de placemens sur les fonds publics.

1820. 12 juillet. — Ordonnance qui autorise l'établissement d'une caisse hypothécaire dont le fonds social doit être de 5o,ooo actions de 1000 f. chacune.

1820. 12 juillet, et 17 juillet 1822. — Ordonnance royale qui autorise l'établissement d'une société d'assurances mutuelles sur la vie des hommes.

1822. 27 février. — Ordonnance royale qui autorise la société anonyme pour l'amélioration des procédés de vinification.

1822. Loi du 14 août. — Compagnie des quatre canaux, *Bretagne*, *Nivernais*, *duc de Berri*, et *latéral à la Loire*.

1822. 14 août. — Loi qui autorise la confection du canal de Bourgogne, par un emprunt de 25,ooo,ooo fr. divisé en 10,000 actions de 25oo fr. chacune, et concédé à une compagnie de capitalistes bailleurs de fonds.

1822. 14 août. — Loi qui autorise la confection du canal d'Arles à Bouc, par un emprunt de 5,5oo,ooo fr. divisé en 1000 actions au porteur de 55oo fr. chacune, fourni par une compagnie de capitalistes.

1822. 13 décembre. — Ordonnance du Roi qui autorise la compagnie pour l'exploitation de l'usine royale pour l'éclairage par le gaz à Paris, avec un fonds social de 1,200,000 fr.

1823. 29 janvier. — Ordonnance royale qui autorise une société d'assurance mutuelle contre la grêle, dans les départemens de la Seine, de Seine-et-Oise, de Seine-et-Marne, de l'Aisne, d'Oise, d'Eure-et-Loir, de la Marne, de l'Aube, du Loiret et Loir-et-Cher.

1823. 20 février, et 27 avril 1825. — Ordonnance royale qui autorise une compagnie à emprunter les sommes nécessaires sous la forme d'octrois, pour la confection du canal des Ardennes.

1824. 30 mars. — Ordonnance royale qui autorise l'établissement d'une société en commandite par actions de 1000 fr. chacune, ayant pour objet d'assurer les prêts sur nantissement.

1825. 31 octobre. — Établissement de la compagnie des salines royales des mines de sel gemme réunie à celle de l'est.

1825. 27 avril. — Ordonnance du Roi qui autorise une société anonyme pour la confection du canal du duc d'Angoulême.

1825. 15 juin. — Arrêté du ministre des finances, qui crée le *syndicat des receveurs généraux des finances*, qui a pour objet les opérations de finance et de banque, et principalement celles qui ont rapport au service du trésor.

1826. 16 juillet. — Compagnie des eaux de Saint-

Maure, formée pour 99 ans; le fond social est de 30,000 actions de 2000 fr. chacune. (*Ordonnance du Roi du 16 juillet 1826.*)

1826. 2 août. — Ordonnance royale qui autorise la société anonyme formée à Paris sous le nom de *Compagnie de la navigation de l'Oise*, à créer des actions pour l'achèvement des travaux dont elle est chargée.

Lois, ordonnances et réglemens sur la Banque de France.

An xi. 24 germinal. — Loi relative à la Banque de France.

An xiv. 30 frimaire. — Avis du Conseil d'État sur la question de savoir si les lettres de change sont payables en billets de banque.

1806. 22 avril. — Loi relative à la Banque de France.

1808. 16 janvier. — Décret qui arrête définitivement les statuts de la Banque de France.

1808. 1er mars. — Extrait du décret concernant les majorats.

1808. 18 mai. — Décret contenant organisation des comptoirs de la Banque de France.

1808. 3 septembre. — Décret qui approuve une délibération du conseil général de la Banque de France, sur les dépôts volontaires.

1808. 21 décembre. — Décret sur la disponibilité des inscriptions de cinq pour cent consolidés, et des actions de la Banque affectées à une institution de majorat qui auroit été rejetée ou retirée.

1813. 25 septembre. — Décret concernant les mineurs ou interdits, propriétaires d'une action de la Banque de France, ou de portions d'action n'excédant pas ensemble une action entière.

1820. 4 juillet. — Loi sur le partage des bénéfices de la Banque mis en réserve.

1820. 13 septembre. — Ordonnance du Roi concernant la réserve des actions de la Banque de France affectées à des majorats et à des dotations.

MANUEL DU BANQUIER,

DE

L'AGENT DE CHANGE

ET DU COURTIER,

PREMIÈRE PARTIE.

FONCTIONS, ATTRIBUTIONS DU BANQUIER ; OPÉRATIONS DU BANQUIER.

CHAPITRE PREMIER.

DE L'ÉTAT ET FONCTIONS DES BANQUIERS.

Le Code de Commerce met lès opérations de banque au nombre de celles qui sont soumises à la juridiction commerciale, et le banquier a sa place parmi les patentés de première classe.

L'article 633 du Code de Commerce porte :

« La loi répute acte de commerce toute opération de change, banque et courtage ; toutes les opérations de banques publiques, toutes les obligations entre négocians, marchands et banquiers. »

La science du banquier est une des plus étendues et des plus compliquées de toutes celles qui composent l'exercice du commerce.

Son savoir consiste principalement à diriger avec sagesse et prudence les spéculations qui ont pour objet le commerce des monnaies et celui des lettres de change, ainsi que les opérations qui résultent des échanges entre les places, des valeurs qui y circulent, de celles qu'on y fait passer ou qu'on en retire.

Les élémens du commerce de banque reposent donc sur des calculs, des arbitrages, qui font connaître l'avantage ou le profit qui peuvent naître du mouvement ou des échanges des valeurs commerciales.

Nos lecteurs ne s'attendent pas que nous entrions ici dans les détails arithmétiques de ce qu'on appelle les *changes* et les *arbitrages*. Nous ne devons nous arrêter qu'aux connaissances essentielles ; les arithméticiens et teneurs

de livres sont chargés des autres parties relatives aux calculs qu'exigent les opérations de
cette espèce.

La lettre de change, dont il a été traité fort
au long dans le *Manuel du Négociant,* est la prin-
cipale matière du commerce du banquier. (1)

Mais, indépendamment de cette manière de
procurer des fonds sur les différentes places,
il en pratique encore une autre fort usitée, à
l'aide des *lettres de crédit.*

CHAPITRE II.

DES LETTRES DE CRÉDIT.

Une lettre de crédit est une missive d'un
banquier adressée à son correspondant d'une
ville indiquée, et chargeant celui-ci de payer
à la personne désignée dans la lettre l'argent
qu'elle lui demandera jusqu'à la concurrence
de la somme convenue. Le correspondant qui
payerait au-delà du crédit accordé ne pourrait
réclamer l'excédant auprès du banquier commettant.

____

(1) Voyez le chapitre IV.

L'usage est de se faire remettre, par celui à qui on confie la lettre de crédit, le modèle de sa signature pour l'envoyer d'avance à celui ou à ceux chez qui on l'accrédite, afin qu'ils puissent confronter l'écriture en exigeant quittance du paiement; quelquefois on fait signer le porteur sur la lettre, comme on en use sur les passeports.

Celui qui paie prend une quittance motivée et se rapportant à la lettre de crédit; il l'exige par duplicata; il en conserve une comme pièce de comptabilité; il envoie l'autre au banquier commettant, à l'appui du *débit* qu'il lui donne ou du remboursement qu'il prend de ce paiement, et afin que celui-ci use de ce document pour se régler avec le porteur accrédité.

Les lettres de crédit sont ordinairement personnelles; elles peuvent cependant être remises à un individu pour en accréditer un autre; mais ce ne sont pas des titres négociables par eux-mêmes. Si le porteur les cède, si même au lieu d'aller prendre l'argent il écrit à celui qui devait le lui payer de lui envoyer ailleurs, ce sont des cas non prévus par la lettre; celui à qui elle est adressée n'est pas tenu d'y déférer, et, en rendant ce service, s'il naissait quelque inconvénient imprévu, le banquier commettant serait fondé à en laisser les conséquences à la charge du correspondant officieux.

Le porteur d'une lettre de crédit a moins encore que le porteur d'une lettre de change le droit de contraindre celui sur qui elle est tirée à y faire honneur ; mais de son côté il n'est pas tenu de constater le refus, d'autant que, à moins de convention contraire, une lettre de crédit est facultative.

Suivant les conditions que le banquier accorde ou exige, celui à qui il remet la lettre de crédit en dépose le montant d'avance, ou fournit des garanties, ou enfin se soumet à rembourser à mesure la somme dont le paiement aura été effectué. Le banquier perçoit un droit de commission ; le correspondant ou les correspondans, si le porteur a des lettres de crédit sur plusieurs, en perçoivent également un sur les deniers qu'ils déboursent.

Les banquiers ont encore une autre fonction avantageuse au commerce et aux fabriques : ils offrent dans les grandes villes, et surtout à Paris, autant de lieux de dépôt où les commerçans et les manufacturiers déposent les sommes dont ils n'ont pas un emploi actuel, et qui resteraient dans leur caisse sans produire aucun intérêt. Ils les placent souvent chez des banquiers, qui leur ouvrent un compte courant, et sur lesquels ils *tirent* lorsqu'ils ont besoin de fonds, ou dont ils emploient le crédit pour s'en procurer. Il y a des usages divers établis à cet égard ; mais la jurisprudence suivie autorise celui qui emprunte le crédit d'un banquier, dans ce cas, à hypothéquer sur ses biens la garantie des crédits ouverts par le banquier et du *compte courant* qui s'y rapporte ; la garantie subsiste, et s'applique à toutes les opérations, quoique sans cesse renouvelées.

Mais, en général, dans ces opérations de crédit commercial, l'intérêt du banquier est d'apporter une grande prudence, car c'est souvent à la faveur des crédits que certains négocians trouvent chez eux, que les affaires des uns et des autres s'embarrassent, et donnent lieu à des faillites imprévues.

Outre ces opérations, qui forment une des parties importantes de l'état du banquier, il se livre encore au commerce du numéraire, dont

il est nécessaire que nous fassions connaître
l'objet et les moyens.

CHAPITRE III.

COMMERCE DU NUMÉRAIRE.

La sortie des monnaies et des métaux précieux a été défendue en France comme ailleurs.
Le gouvernement impérial avait permis l'expor-
tation du numéraire par son arrêté du 17 prairial an x; mais il la rétracta par ceux des 21
et 23 ventose de l'année suivante. A la restau-
ration, on autorisa d'abord la sortie de toute
monnaie étrangère, et même du numéraire
français, dans lequel on les aurait converties
aux hôtels des monnaies. (1)

La loi du 28 avril 1816 fut plus explicite :
l'entrée et la sortie des espèces de toute em-
preinte étrangère ou nationale furent libres, et
seulement assujetties à un droit insignifiant
d'*un centime* par hectogramme d'or et par kilogramme d'argent. Mais ce droit ne fut point

(1) Ordonnance du Roi du 8 juillet 1814.

imposé pour en tirer un revenu ; son objet fut de se procurer des notions statistiques pour la connaissance de ce qu'on appelle la *balance du commerce.* Cependant ce but est mal atteint. L'argent transporté dans chaque poche et dans chaque voiture se dérobe à des déclarations à la douane.

La plus simple des opérations dans le commerce des espèces d'or et d'argent consiste à porter à l'hôtel des lingots ou des monnaies étrangères pour les faire convertir en espèces. L'or et l'argent de chaque titre sont tarifés ; toutes les monnaies connues sont comprises dans ce tarif, que nous rapporterons plus bas. Il est libre à tout le monde de les apporter à la monnaie, ou, comme on dit, *au change,* pour être reçues et payées au taux du tarif. Mais il arrive souvent que le négociant qui a réuni une grande quantité de monnaies étrangères préfère de les fondre pour son propre compte. Son lingot, porté à la monnaie, est essayé et payé sur le pied du tarif, suivant son degré de fin. On prend pour le paiement un terme de dix jours, qui est censé nécessaire pour la conversion du lingot en monnaie.

On sait que les arts, et particulièrement celui du monnoyage, emploient ordinairement les métaux précieux mêlés d'alliage, l'or mêlé d'argent et l'argent de cuivre, et que l'on appelle *titre* le degré de finesse, c'est-à-dire la proportion du métal fin à celui qui forme l'alliage. On comptait autrefois ces degrés ou proportions en karats, ou vingt-quatrième pour l'or, et en deniers ou douzième pour l'argent, et l'on subdivisait les karats et les deniers. De l'or à vingt-deux karats, par exemple, était celui où il y avait vingt-deux parties de fin et deux parties d'alliage; de l'argent à onze deniers, celui qui avait onze parties de métal fin et une d'alliage. On se sert maintenant du système métrique pour le même objet; on compte le titre par *millièmes*. De l'or ou de l'argent à 900 millièmes, par exemple, indiquent qu'il s'y trouve 900 parties de fin sur 100 parties d'alliage. C'est le titre actuel de l'une et de l'autre de nos monnaies. (1).

Lorsque le métal que l'on met au creuset est d'un titre supérieur à celui dont on veut faire

----

(1) Loi du 7 germinal an XI.

usage, on ajoute à la fusion la quantité d'alliage nécessaire pour réduire la masse au degré désiré. Si au contraire on a des métaux dont le mélange ne donne qu'un titre inférieur, il faut ajouter du fin dans la proportion requise. Si on n'en a pas, il faut *affiner* d'abord une portion de métal allié ; cette opération consiste à détruire l'alliage : elle est délicate et coûteuse. L'administration s'en charge pour le public, et perçoit pour les frais 32 fr. par kilogramme d'or fin qu'elle a séparé de l'alliage (1). Ainsi, au lieu d'apporter à la monnaie des espèces ou des lingots dont le titre est au-dessous de 900 *millièmes*, le commerce, qui a la faculté de se procurer des espèces de toute nature, a soin de former des lingots alliés au point convenable, plutôt que de subir les frais de l'affinage à chaque opération. Le poids des pièces de monnaie est aussi réglé par le système métrique ; chaque franc répond à cinq grammes d'argent; ainsi, 200 fr. pèsent un kilogramme.

---

(1) Arrêté du 4 prairial an XI. Il y a un tarif pour l'affinage de l'argent ; il n'est pas le même pour tous les titres.

Cent cinquante-cinq pièces de 20 fr. en or, ou 3,100 fr., font le même poids, attendu que la *valeur légale* de l'or est chez nous de quinze fois et demi son poids en argent. (1)

L'administration des monnaies perçoit, pour les frais de fabrication, 3 fr. par kilogramme d'argent et 9 fr. par kilogramme d'or. C'est d'après cette retenue, et après en avoir fait compensation, que son tarif est établi.

Les quadruples ou les piastres d'Espagne suppléent la monnaie nationale dans un grand nombre de pays, et il en reste même encore quelques traces dans nos contrées voisines des Pyrénées. Les piastres se versent en quantité dans le commerce de l'Inde et de la Chine. Nos louis d'or rendent à peu près le même service dans l'étranger, et pour cette convenance on les paie un peu plus cher que le prix de leur valeur intrinsèque comme métal ; on en paie, pour ainsi dire, *une façon.* Enfin, il est des États où toutes les monnaies étrangères affluent et tiennent lieu des espèces nationales, soit que primitivement on ait trouvé bon dans

----

(1) Loi du 7 germinal an xi.

les petits gouvernemens d'épargner les frais de fabrication, soit que la fréquentation de tous les peuples obligeât, dans un pays commerçant et maritime, à recevoir les espèces que tout acheteur veut bien apporter. Dans les uns, comme en Italie, toute monnaie est admise; dans d'autres, comme en Turquie, il y a des effigies connues, auxquelles seules l'habitude fait donner confiance. Ainsi, on a battu sous tous les régimes, et jusqu'à ces derniers temps à Milan, à Ausbourg, à Raguse, des écus appelés *talaris*, à l'image et au nom de Marie-Thérèse; ils sont fort employés dans le commerce du Levant.

De toutes les opérations du banquier, le change et les remises de place en place de valeurs commerciales ou monétaires sont les plus importantes, et celles qui l'occupent le plus ordinairement.

CHAPITRE IV.

DU CHANGE MONÉTAIRE.

On appelle change, ou change monétaire, un marché par lequel un banquier transporte à un autre les fonds qu'il possède dans une ville de son pays ou de l'étranger, moyennant un prix convenu entre eux. Ce transport se fait par la *lettre de change*, qui représente la somme dont on a fait la cession.

La lettre de change peut donc être définie un ordre qu'un banquier transmet à l'un de ses débiteurs dans une autre place, de payer au porteur de cet ordre la quantité d'argent qui y est énoncée, et dont il déclare avoir reçu la valeur; ou bien encore un acte rédigé dans les formes légales, par lequel une personne mande à une autre de payer une somme déterminée à celui qui est désigné dans cet acte, ou à celui qui exercera ses droits. Il est ordinairement conçu dans la forme suivante :

Paris, ce oo janvier oooo.   *B.P. fr. 5ooo.*

A quatre-vingt-dix jours de vue, payez par cette seule de change, à l'ordre de M. S.....,, la somme de cinq mille francs, valeur reçue comptant, que passerez suivant l'avis de

Votre dévoué serviteur.

Signé *P.......*

A M. D......., à Francfort.

2

Le change suppose naturellement des dettes réciproques entre les différens pays. Cette réciprocité de dettes est d'ordinaire l'effet des liaisons de commerce que les peuples ont ensemble. Chaque nation vend et achète des marchandises. La France vend ses toiles à l'Espagne et en achète des laines ; c'est une réciprocité de dettes. Si les négocians français vendaient leurs toiles à ceux dont ils achètent les laines, il n'y aurait plus qu'une simple compensation de dettes entre eux, et tout transport deviendrait inutile ; mais il n'en est pas ainsi. Celui qui vend des toiles a rarement besoin de laines ; la compensation directe et immédiate entre les vendeurs et les acheteurs ne peut donc avoir lieu, et sans la ressource de l'échange réciproque des dettes , les débiteurs de chacune des deux nations seraient obligés de faire passer en métaux le paiement de ce qu'ils auraient acheté.

L'avantage de cet échange ou transport de dettes a donc dû engager les débiteurs et les créanciers d'un même pays à se rechercher mutuellement ; mais comme rarement ils habitent la même ville, que souvent ils ne se trouvent pas dans la même province, il s'est établi des espèces d'entrepôts dans lesquels se font les échanges de dettes. Paris, par exemple, ayant des relations de commerce et de finance avec le reste de la France, est devenu le centre d'un grand nombre d'opérations de change ; c'est là que souvent le négociant d'Orléans, débiteur de l'Espagne pour le prix des laines qu'il y a achetées, s'adresse pour y obtenir le transport des créances des négocians de la Picardie, sur le même royaume, pour les marchandises qu'ils y ont vendues.

Paris n'est pas la seule ville de France qui serve d'entrepôt à ces négociations ; plusieurs autres, comme Lyon, Strasbourg, Bordeaux, etc., ayant de grandes relations de commerce, sont aussi des lieux où se font ces échanges.

On doit observer encore que, comme le négociant d'Orléans change avec celui d'Amiens par le moyen d'un banquier de Paris, les dettes réciproques de deux États ne s'échangent souvent que par l'entremise d'un troisième. C'est ainsi que Paris ne change point directement avec Naples ; leurs négociations réciproques se font par l'entremise de Livourne.

Pour consommer les négociations du change, il faut, avant le transport des dettes, convenir des conditions du transport. Ces conditions auraient été très aisées et très simples à régler si les dettes réciproques eussent été spécifiées en monnaies de même dénomination et de même valeur. Mais le Français qui a acheté de la laine en Espagne en doit le prix en pistoles de ce royaume, et n'a que des francs et centimes de France à présenter à celui qui lui demande des pistoles d'Espagne. Il faut donc avant tout connaître le rapport qui existe entre ces pistoles et ces francs.

Ce rapport se détermine par le poids et le titre des monnaies de chaque pays; mais il ne donne pas à lui seul la connaissance du prix ou de la valeur relative des monnaies. Cette valeur s'estime encore dans le commerce par le plus ou moins de rareté de la monnaie dans laquelle se fait le change.

En effet, le change ne devant son origine qu'au désir d'éviter les frais de transport, il faut que les dettes soient égales de part et d'autre pour y parvenir, en les compensant les unes par les autres; mais cela n'est pas toujours possible. Ainsi, dans la supposition qu'une pistole d'Espagne vaut intrinséquement 15 francs de France, pour échanger complétement les dettes des deux nations, il faut, si la France doit 100,000 pistoles à l'Espagne, que celle-ci doive 1,500,000 fr. à la France ; comme cette égalité de dettes est très rare, il devient nécessaire que la nation qui doit le plus fasse transporter des métaux pour la partie de ses dettes qu'elle ne peut compenser. Ainsi, en continuant la comparaison de la France et de l'Espagne, si celle-ci doit 3,000,000 de fr., et qu'il ne lui soit dû que 100,000 pistoles, il faut qu'elle envoie 100,000 pistoles en espèces.

Comme le transport coûte des frais et des risques, tous les débiteurs espagnols, dans la vue de les éviter, chercheront à se procurer des lettres de change sur la France. Cet empressement en fera hausser le prix. Ainsi, au lieu de donner une lettre de change de 1,500 fr. pour 100 pistoles, on ne la donnera que de 1,480 fr. ; et en admettant que les frais de transport de 100 pistoles d'Espagne soient évalués à 40 fr., le débiteur acceptera un marché qui lui procurera une économie de 20 fr. ; le

prix du change de la pistole avec le franc va-
riera donc suivant qu'il y aura plus ou moins
de demandeurs de lettres de change en Espagne ; c'est ce qui donne lieu aux variations du
change entre ces deux États.

Il y a donc deux prix dans le change, l'un
fixe et invariable, qui est le résultat de la valeur intrinsèque des monnaies, et qu'on nomme
le *pair du change* ; l'autre, qui varie suivant
quelques circonstances, et que l'on appelle le
cours du change, qui n'est autre chose que le
prix des monnaies étrangères, qui se détermine
chaque jour dans les bourses, d'après leur valeur intrinsèque et l'empressement plus ou
moins grand avec lequel on les demande.

Pour régler ce prix on est convenu que dans
l'évaluation, par exemple, de notre monnaie
avec celle d'Amsterdam, on comparerait toujours 3 fr. avec des deniers de gros ; dans le
change avec l'Espagne, c'est une pistole que
l'on évalue tantôt à 14 fr. 80 cent., tantôt à
15 fr. 25 cent.

De là sont nées les expressions que telle
place ou pays donne *le certain*, et telle autre
l'incertain.

En disant que dans le change un pays donne le certain, on entend que c'est toujours une de ses monnaies qui sert de terme fixe de comparaison. Ainsi, dans le change de Paris avec Amsterdam, Paris donne *le certain*, c'est-à-dire 3 fr., pour plus ou moins de deniers de gros, tantôt 54, tantôt 55, ce qui est l'incertain.

Avec l'Espagne, au contraire, la France donne *l'incertain*, c'est-à-dire tantôt 14 fr. 80 cent., tantôt 15 fr. pour une pistole d'Espagne fixe, c'est-à-dire le certain.

Pour mieux faire sentir ces distinctions, et en même temps expliquer les formules des cours du change, nous allons parcourir les différentes places avec lesquelles Paris en a d'établis.

Tableau des places qui donnent le certain ou l'incertain dans les opérations de change avec Paris.

| | 30 JOURS. | | | | 90 JOURS. | | | |
Places.	Papier.		Argent.		Papier.		Argent.	
Amsterdam.....	»	»	57	»	57	¼	»	»
Anvers........	»	»	57	¼	»	»	57	½
Hambourg......	»	»	185	½	»	»	184	¾
Berlin........	»	»	3	61	»	»	3	58
Londres.......	25	10	»	»	»	»	24	95
Madrid, eff...	»	»	14	90	»	»	14	80
Cadix, eff....	»	»	15	»	14	90	14	90
Bilbao........	»	»	15	5	»	»	14	95
Lisbonne......	»	»	»	»	»	»	617	»
Oporto........	»	p.	»	»	620	»	»	»
Gênes, eff....	513	»	¼	p.	»	p.	⅞	p.
Livourne......	»	»	»	»	»	»	509	»
Naples........	»	»	418	»	415	»	415	»
Trieste.......	»	»	254	»	»	»	251	½
Vienne, eff...	»	»	253	¾	251	¾	251	¾
Milan.........	»	»	84	⅞	»	»	84	¼
Auguste.......	»	»	253	½	»	»	251	½
Francfort.....	»	p.	2	p.	»	p.	2 ⅝	p.
Pétersbourg...	»	»	»	»	»	»	107	¾
Messine.......	»	»	»	»	»	»	12	45
Palerme.......	»	»	»	»	»	»	12	40
Lyon..........	»	p.	⅛	p.	1	p.	1 ⅛	p.
Bordeaux......	»	p.	½	p.	1 ¼	p.	1 ¼	p.
Marseille.....	»	p.	½	p.	1 ¼	p.	»	p.
Montpellier...	»	p.	¾	p.	1 ½	p.	1 ¾	p.

Ce tableau ne donne que la valeur du papier à un mois (ou 30 jours) et à trois mois (ou 90 jours) de date, pour le moment où il a été fait.

Le mot *papier* signifie que les prix cotés dans la colonne qui porte ce titre, sont ceux auxquels le papier est offert, et le mot *argent*, ceux auxquels le papier est demandé.

Ainsi *Londres* 25. 10, indique que si vous avez besoin de papier sur Londres, à un mois de date, vous en trouverez en payant la livre sterling 25 fr. 10 cent.; et *Londres* 24. 95, que si vous avez entre les mains du papier sur Londres à trois mois, on vous le prendra au prix de 24 fr. 95 cent. par livre sterling.

L'absence de prix indique que le papier n'est pas offert, ou qu'il n'est pas demandé, selon les colonnes : par exemple, le papier sur Londres à un mois est offert à 25 fr. 10 cent., et n'est point demandé, tandis que le papier à trois mois sur la même ville est demandé à 24 fr. 95 cent., et n'est point offert.

Dans les pays où il existe du papier qui a un cours forcé de monnaies, comme à Paris les billets de banque, on distingue la monnaie effective de celle que représente ce papier-monnaie. Le mot *effectif*, placé après Cadix, etc., désigne des monnaies réelles.

Le *p* placé devant Francfort, etc., signifie que cette place, dans son échange avec Paris, perd 1, 1 $\frac{1}{2}$, 2 p. 100.

Amsterdam.

Ses principales monnaies de change sont :

La livre de gros, qui vaut 20 sous de gros ;

Le sou de gros, qui vaut 12 deniers de gros.

40 de ces deniers de gros valent un florin, qui est une pièce d'argent contenant un peu plus de 175 grains d'argent pur, et répondant à 2fr. 13 cent.

Dans le change de Paris avec Amsterdam, Paris donne toujours 3 fr. pour un nombre indéterminé de deniers de gros, mais il est rare qu'ils vaillent moins de 53 et plus de 58 deniers de gros. On voit par là que dans ce change Paris donne le certain, c'est-à-dire 3 fr., et Amsterdam l'incertain ; c'est le nombre de deniers de gros qui varie.

Ainsi lorsque, sur le bulletin du cours du change, on voit *Amsterdam* 57 $\frac{1}{4}$, cela signifie qu'au jour indiqué le change est tel avec cette ville, qu'on a à Paris pour 3 fr., 57 deniers de gros $\frac{1}{4}$ de denier, payables à Amsterdam.

Anvers.

Ce que nous venons de dire pour Amsterdam doit s'appliquer également à Anvers.

Hambourg.

Ses principales monnaies de compte sont :
Le marc lub, qui vaut 16 sous lubs ;
Le sou lub, qui vaut 12 deniers lubs.
Paris, en changeant avec Hambourg, donne l'incertain, c'est-à-dire 187 fr., plus ou moins, pour 100 marcs lubs de banque.

Ainsi cette expression Hambourg 185, signifie que pour 185 fr., à Paris, on a 100 marcs lubs, payables à Hambourg en valeur de banque, c'est-à-dire en une valeur fixe, invariable et indépendante du rapport des monnaies étrangères avec celles de Hambourg, car c'est ce qu'on appelle valeur de banque.

Berlin.

On compte en risdales, que l'on divise en 24 gros de 12 penins ou deniers, pièce ; Paris donne l'incertain, c'est-à-dire 8 fr. 71 cent., plus ou moins, pour un risdale.

Londres.

Les monnaies de compte sont la livre sterling (pound sterling), contenant 20 sous sterling ou schellings : le schelling ou sou sterling valant 12 deniers sterling ou pences, au singulier *penny*.

Dans le change de Londres avec Paris, cette dernière place donne toujours l'incertain, c'est-à-dire 25 fr., plus ou moins, pour une livre sterling.

Ainsi, Londres 25. 10, veut dire qu'il faut donner 25 fr. 10 cent. à Paris pour avoir une livre sterling payable à Londres.

Autrefois Paris donnait à Londres le certain, ou 3 fr., pour en recevoir 30 deniers sterling, plus ou moins, en retour. Quelques villes, et Bordeaux entre autres, ont conservé ce mode de change.

Madrid, Cadix, Bilbao.

Les monnaies et la manière de changer de ces villes avec Paris, sont les mêmes c'est

pourquoi nous les réunissons. On ne les sépare,
dans les notes du change, que parce qu'en général le change avec Cadix est plus bas que
celui de Madrid ou de Bilbao.

Leurs monnaies sont des piastres, des pistoles et des réaux.

La pistole de change vaut 4 piastres de
change, celle-ci vaut 512 maravédis.

34 de ces maravédis valent environ 25 cent.
C'est en maravédis que se font les comptes en
Espagne, comme chez nous en centimes, et
dans les États-Unis en cents ou centièmes de
dollar.

Madrid, Cadix, Bilbao, en changeant avec
Paris, donnent le certain, c'est-à-dire toujours
une pistole de change pour environ 14 fr. 80 c.
à 15 fr.

Ainsi quand, dans les notes du change, on
voit *Madrid* 14. 90, cela signifie qu'à Paris,
pour 14 fr. 90 cent., on a une pistole de change
payable à Madrid.

Lisbonne et Porto.

On y compte en creusades et en rès.
La creusade du change vaut 400 rès.

Le cours de Lisbonne est, en général, au-dessous de celui de Porto.

Paris donne le certain, c'est-à-dire 3 fr. pour 580 rès, plus ou moins.

Livourne.

Paris, en changeant avec Livourne, donne l'incertain, c'est-à-dire 5 fr. 15 cent., plus ou moins, pour une piastre de change.

Ainsi cette expression *Livourne* 5. 17, signifie que pour 5 fr. 17 cent., à Paris, l'on a une piastre de change payable à Livourne.

La piastre se divise en 20 sous, de 12 deniers chacun. Comme les monnaies d'or constituent exclusivement le numéraire de Livourne; que, par conséquent, tous les effets sur Livourne sont entendus payables en or; comme le prix de l'or est supérieur à celui de l'argent dans presque tous les pays, la piastre qui, à Florence, vaudra au pair de l'argent 4 fr. 82 cent., sera évaluée, au pair calculé sur l'or à Livourne, 5 fr. 17 c., prix coté ordinairement dans le cours de Livourne.

Ainsi donc cette expression *Livourne* 5. 17, signifie que pour 5 francs 17 centimes, à Paris, on a la valeur d'une piastre payable en or à Livourne.

Naples.

On compte à Naples par ducats *di regno*, divisés en cinq tarins ou taros, de 20 grains chacun.

Ainsi *Naples* 4. 15, veut dire que pour 4 fr. 15 cent., à Paris, vous avez un ducat payable à Naples.

La valeur au pair d'un ducat est de 4 fr. 40 c.

Vienne, Trieste, Ausbourg.

Les monnaies de change de ces villes sont :
Le florin, qui se divise en 60 creutzers ;
Le creutzer, en 4 deniers ou penins ;
Le penin, en 2 hellers.
Ainsi cette expression *Vienne* 2. 53 $\frac{1}{2}$, signifie que pour 2 fr. 53 cent. $\frac{1}{2}$, à Paris, on a un florin payable à Vienne.

Venise, Milan.

On compte dans ces deux villes en *lire* italiennes de 100 cent. chacune.

Paris leur donne l'incertain, c'est-à-dire 85 fr., plus ou moins, pour 100 *lire* italiennes.

Messine, Palerme.

On compte en Sicile par onces, tarins et grains :

L'once vaut 30 tarins ;

Le tarin 20 grains.

Paris donne l'incertain, c'est-à-dire 12 fr. 40 cent., plus ou moins, pour 1 once ou 600 grains, payables à Messine ou à Palerme.

Saint-Pétersbourg.

Les monnaies de change de Saint-Pétersbourg sont :

Le rouble, qui se divise en 10 grwinas ;

Le grwinas, en 10 copecks ;

Le copeck, en paluschkas et denuschkas.

Le numéraire de Russie consiste principalement en papier-monnaie ou billets de banque.

Le rouble *papier* vaut beaucoup moins que le rouble *effectif*, puisque ce dernier vaut intrinsèquement 4 fr. 07 cent., et que le rouble papier ne vaut que 100 à 120 centimes.

Ainsi cette expression *Saint-Péterbourg* $107\frac{1}{2}$, signifie que pour 107 cent. $\frac{1}{2}$, on a un rouble papier payable à *Saint-Pétersbourg*.

CHAPITRE V.

DES TRAITES ET REMISES SUR L'ÉTRANGER.

A bien examiner une négociation de change avec l'étranger, on voit que c'est une marchandise qu'on achète ou qu'on vend; d'où il résulte qu'en termes de banque, *remettre* des lettres de change, c'est acheter des lettres de change sur une place; *tirer* des lettres de change, c'est vendre des lettres de change sur une place.

En effet, pour *remettre*, par exemple, 1,000 marcs de Paris à Hambourg, il faut acheter une lettre de change de cette somme, qu'on paie en monnaie de France, suivant le cours; pour *tirer*, au contraire, 1,000 marcs de Paris sur Hambourg, c'est vendre à Paris une lettre de change de cette somme, dont on reçoit le montant en monnaie de France.

Dans les deux cas ci-dessus, l'essentiel est de faire un calcul d'évaluation et de réduction des monnaies des deux nations entre lesquelles se fait l'opération des traites ou remises.

Par exemple, pour connaître le montant

d'une traite ou d'une remise de 1,000 marcs, il faut réduire 1,000 marcs en monnaie de France au cours de l'*incertain*; avant de vendre ou acheter la lettre de change de 1,000 marcs, celui qui négocie la traite fait le même calcul que celui qui achète la remise.

Les négociations de ces effets se font par l'intermédiaire des agens de change, à qui l'on accorde $\frac{1}{8}$ de courtage, plus ou moins, suivant la convention qu'on en fait. On ne parle, dans cette négociation, que de l'*incertain*, parce que l'habitude journalière des négociations rend tellement le *certain* familier, qu'il est toujours sous-entendu. Il en est de même lorsqu'un marchand de draps, par exemple, vous dit que le *Sedan* vaut 4o fr., il est sous-entendu que c'est le mètre.

Ainsi quand un agent de change dit à un banquier : « Voulez-vous prendre ou donner de l'*Amsterdam* à 54 ? du *Londres* à 24 fr. 5o c. ? » c'est comme s'il disait : « Voulez-vous prendre ou donner des lettres de change à 54 deniers de gros pour 3 fr., sur Amsterdam, ou sur Londres à 24 fr. 5o cent. pour une livre sterling ? »

CHAPITRE VI.

DU PAIR DES MONNAIES ET DE LA MANIÈRE DE LE CALCULER.

Il est de la plus grande utilité de savoir trouver le pair des monnaies dans les opérations du change ; ce n'est que par lui qu'on peut apprécier les valeurs dans le commerce du numéraire et les opérations de banque. Dès que ce pair est établi, il est aisé, par un calcul fort simple, de convertir en monnaie d'un pays une somme quelconque exprimée en une monnaie étrangère, et réciproquement.

La *conversion* dont il s'agit résulte de la comparaison exacte du titre, du poids légal, et de la valeur intrinsèque de l'unité monétaire d'un pays avec le titre, le poids légal et la valeur intrinsèque de l'unité monétaire d'un autre pays.

Un exemple expliquera cette opération.

Supposons qu'il s'agisse de savoir ce que le nouveau *souverain d'or* d'Angleterre, de la valeur de 20 schellings, vaut en nouvelle monnaie d'or de France. Le titre légal de ce souverain est 0,917; le poids, 7 grammes 980855es de gramme; cette pièce contient en matière pure 7 grammes 318444035^{es} de gramme. (1)

La pièce d'or de 20 fr. de France (2) est au titre légal de 0,900^{es}; elle est du poids de 6 grammes 806449es de gramme; on établira la proportion suivante:

6,806449 : 20 fr. :: 7,318444035 : $x.$ = 25 fr. 2079es de fr.

Ainsi le souverain d'or d'Angleterre vaut 75 fr. 20 cent. et $\frac{79}{100}$ d'argent de France.

CHAPITRE VII.

DU SYSTÈME DES MONNAIES FRANÇAISES.

L'*unité* monétaire est, en France, assujettie au système général des mesures prises dans la nature; elle se subdivise en *décimes* et en *centimes :* le franc est l'unité monétaire; il est divisé en cent centimes et dix décimes.

Les monnaies d'or de France, ainsi que celles

---

(1) Loi de novembre 1818.
(2) Loi du 28 mars 1803.

d'argent, contiennent, comme on l'a dit au chapitre du *Commerce du numéraire*, un dixième
d'alliage et neuf dixièmes de métal pur. Ce titre
est exprimé 0,900.

La *tolérance* du titre, c'est-à-dire ce qui peut
varier sur le degré de fin, soit au-dessus, soit
au-dessous du titre, est de 2 millièmes sur l'or,
et de 3 millièmes sur l'argent.

La pièce de 40 fr. pèse 12 grammes 90322^{es}
de gramme; avec tolérance du poids en dedans, 12 grammes 8774es; avec tolérance en
dehors, 12 grammes 92003 2es.

La pièce de 20 fr. pèse 6 grammes 45161^{es}
de gramme; avec tolérance du poids en dedans,
6 grammes 41387; tolérance du poids en
dehors, 6 grammes 46451 6es de gramme.

La pièce de 5 fr. pèse 25 grammes; avec tolérance du poids en dedans, 24 grammes 925es;
avec tolérance en dehors, 25 grammes 075es de
gramme.

Les pièces de 40 fr. ont 26 millimètres de
diamètre, celles de 20 fr. ont 21 millimètres;
de sorte que 32 pièces de 40 fr. et 8 de 20 fr.,
mises l'une à côté de l'autre, donneront la lon-
gueur du mètre.

La proportion de l'or à l'argent est de 15,5 à 1.

Le kilogramme d'or pur se   fr.   c. m.
paie sans retenue............ 3444, 44,444

Et aux changes des monnaies,
il est payé.................. 3434, 44,444

Au titre de 0,900, il vaut
sans retenue 3100, 00

Et avec la retenue faite aux
changes...................... 3091, 00

Le kilogramme d'argent pur
se paie sans retenue.......... 222, 22,222

Et aux changes il est payé.. 218, 88,889

Au titre de 0,900, il vaut sans
retenue...................... 200, 00

Et avec la retenue faite aux
changes...................... 197, 00

ANCIENNES MONNAIES.

Pièces d'or droites de poids.

Livres.	Grammes.	Titre.
48	15,29706	901
24	7,64853	901

Pièces d'argent droites de poids.

Livres.	Poids.	Titre.
6	29,4883	906
3	14,74415	906
30 sous.	10,1366	660
15	5,0683	660
24	5,89766	
12	2,94883	supposés à 906
6	1,474415	

CHAPITRE VIII.

TABLEAU DE COMPARAISON DES MONNAIES ÉTRANGÈRES AVEC LES MONNAIES FRANÇAISES, D'APRÈS LES LOIS DE FABRICATION.

Nature.	Dénomination des pièces.	Poids légal.	Tit. lég.	Valeurs.
	AMSTERDAM. *Voyez* PAYS-BAS.			
	ANGLETERRE.			
Or.	Guinée de 21 shillings..	8 3802	917	26ᶠ47ᶜ
	Demi...............	4,1901	917	13,23,50
	Un quart............	2,095	917	6,61,75
	Un tiers, ou 7 shillings.	2,7934	917	8,82,33
	Souverain depuis 1818, de 20 shillings........	7,9808	917	25,20,80
Arg.	Crown, ou couronne de 5 shillings anciens....	30,074	925	6,16
	Shillings anciens.......	6,015	925	1,23,60
	Crown, ou couronne, depuis 1818............	28,2514	925	5,80,77
	Shillings, depuis 1818..	5,6503	925	1,16,14
	AUTRICHE ET BOHÊME.			
Or.	Ducat de l'Empereur....	3,491	986	11,86
	Ducat de Hongrie.......	3,491	990	11,90

Nature.	Dénomination des pièces.	Poids légal.	Tit. lég.	Valeurs.
	AUTRICHE ET BOHÊME. *(Suite.)*			
Or.	Demi-Souverain........	5,567	917	17,58c
	Quart...............	2,7835	917	8,79
Arg.	Écu, ou risdale de convention, depuis 1753..	28,064	833	5,19,50
	Demi-risdale, ou florin..	14,032	833	2,59,75
	Vingt kreutzers........	6,682	583	0,86,50
	Dix kreutzers.........	3,898	500	0,43,25
	BADE.			
Or.	Pièce de 2 florins......	6,800	901	21,04
	1 florin.........	3,400	901	10,52
Arg.	Pièce de 2 florins.......	25,450	750	4,18
	1 florin	12,725	750	2,09
	BAVIÈRE.			
Or.	Carolin............	9,744	771	25,66
	Maximilien...........	6,496	771	17,18
Arg.	Couronne..........	29,343	868	5,66
	Risdale de 1800...	27,513	833	5,10
	Teston ou kopfstuck....	6,643	583	0,86
	DANEMARCK ET HOLSTEIN.			
Or.	Ducat courant depuis 1767...............	3,143	875	9,47
	Ducat spécies 1791 à 1802	3,519	979	11,86
	Chrétien, 1773........	6,735	903	20,95
Arg.	Risdale d'espèce ou double écu de 96 schellings danois de 1776........	29,126	875	5,66

Nature.	Dénomination des pièces.	Poids légal.	Tit. lég.	Valeurs.
	DANEMARCK ET HOLSTEIN. (*Suite.*)			
Arg.	Risdale ou pièce de 6 marcs danois de 1750.	26^{s}800	833	4^{f}96^c
	Marc danois de 16 schellings de 1776.........	......	688	0,94
	ESPAGNE.			
Or.	Pistole ou doublon de 8 écus, 1772 à 1786....	27,045	901	83,9^3
	— de 4 écus..........	13,5225	901	41,96,5
	— de 2 écus..........	6,7613	901	20,98,2
	Demi-pistole ou écu....	3,3806	901	10,49,1
	Pistole ou doublon de 8 écus, depuis 1786.....	27,045	875	81,51
	— de 4 écus..........	13,5225	875	40,75,5
	— de 2 écus..........	6,7613	875	20,37,7
	Demi-pistole ou écu....	3,3806	875	10,18,8
Arg.	Piastre depuis 1772.....	27,045	903	5,43
	Réal de 2 ou piécette, ou cinquième de piastre..	5,971	813	1,08
	Réal de 1 ou demi-piécette, ou dixième de piastre.............	2,9855	813	0,54
	Reallilo ou réal de Veillon, ou vingtième de piastre............	1,4928	813	0,27

Nota. Ces trois dernières pièces sont dénommées *monnaie provinciale*; elles sont fabriquées

Nature.	Dénomination des pièces.	Poids légal.	Tit. lég.	Valeurs.
	en Espagne, et n'ont cours que dans la péninsule.			
	ÉTATS ECCLÉSIASTIQUES.			
Or.	Pistoles de Pie vi et Pie vii	5^{g}471	916⅔	17^{f}27^{c}50
	Demi............................	2,7355	916⅔	8,63,75
	Sequin, 1769, Clément xiv et ses successeurs.....	3,426	1000	11,80
	Demi............................	1,713	1000	5,90
Arg.	Ecu de 10 pauls ou 100 bayoques..............	26,437	916⅔	5,38,50
	Trois dixièmes d'écu ou teston de 30 bayoques.	7,932	916⅔	1,62
	Un cinquième d'écu ou papeto de 20 bayoques.	5,287	916⅔	1,08
	Un dixième d'écu ou paul de 10 bayoques........	2,644	916⅔	0,54
	ÉTATS-UNIS D'AMÉRIQUE.			
Or.	Double aigle de 10 dollars.	17,480	917	55,21
	Aigle de 5 dollars........	8,740	917	27,60,50
Arg.	Demi-aigle ou 2½ dollars.	4,370	917	13,80,25
	Dollar....................	27,000	903	5,42
	Demi.....................	13,500	903	2,71
	Un quart	6,750	903	1,35,50
	HAMBOURG.			
Or.	Ducat *ad legem Imperii*.	3,491	986	11,86
	Ducat nouveau de la ville.	3,488	979	11,76

Nature.	Dénomination des pièces.	Poids légal.	Tit. lég.	Valeurs.
	HAMBOURG. (*Suite.*)			
Arg.	Marc banco. (*Monnaie imaginaire*)..........	» »	»	1.88c
	Marc ou 16 schellings, d'après la convention de Lubeck........ .	9,164	750	1,53
	Risdale de constitution, ou écu d'espèce.......	29,233	889	5,78
	JAPON.			
	(*Par approximation, et faute de renseignemens précis sur le poids et le titre légal des monnaies.*)			
Or.	Kobang vieux de 100 mas.	» »	»	51,24
	Demi — de 50 mas.....	» »	»	25,62
	Kobang nouv. de 100 mas.	» »	»	32,69
	Demi — de 50 mas.....	» »	»	16,34,5
Arg.	Tigo-gin ou pièce de 40 mas...........	» »	»	14,40
	Demi de 20 mas........	» »	»	7,20
	Un quart de 10 mas....	» »	»	3,60
	Un huitième de 5 mas..	» »	»	1,80
	LOMBARDO-VÉNITIEN. (Royaume.)			
Or.	Souverain depuis 1823...	11,332	900	35,13
	Demi ou 20 liv. d'Autriche..............	5,666	900	17,56

Nature.	Dénomination des pièces.	Poids légal.	Tit. lég.	Valeurs.
	LOMBARDO-VÉNITIEN. (*Suite.*)			
Arg.	Écu de 6 liv. d'Autriche.	25ᵍ986	900	5ᶠ20ᶜ
	Demi-écu ou 1 florin....	12.993	900	2,60
	Livre d'Autriche.......	4,331	900	0,86,6
	MOGOL.			
	(*Par approximation.*)			
Or.	Roupie du Mogol.......	» »	»	38,72
	Demi..............	» »	»	19,36
	Un quart...........	» »	»	9,68
	Pagode au croissant.....	» »	»	9,46
	— à l'étoile..........	» »	»	9,35
	Ducat de la Compagnie hollandaise..........	» »	»	11,62
	Demi..............	» »	»	5,81
Arg.	Roupie du Mogol.......	» »	»	2,42
	— de Madras........	» »	»	2,40
	— d'Arcate.........	» »	»	2,36
	— de Pondichéri......	» »	»	2,42
	Double fanon des Indes..	» »	»	0,63
	Fanon.............	» »	»	0,31,50
	Pièce de la Compagnie hollandaise..........	» »	»	2,40
	NAPLES.			
Or.	Le titre des ducats est trop variable pour pouvoir en donner l'évaluation en monnaies françaises.	» »	»	» »

Nature.	Dénomination des pièces.	Poids légal.	Tit. lég.	Valeurs.
	NAPLES. (*Suite.*)			
Or.	Once nouveau de 3 ducats, depuis 1818.....	3s786	996	12^{f}99^c
	Quintuple de 15 ducats, depuis 1818..........	18,933	996	64,9^5
	Décuple de 30 ducats, depuis 1818..........	37,865	996	129,9^0
Arg.	12 carlins de 120 grains, depuis 1804..........	27,533	833$\frac{1}{3}$	5,10
	Ducat de 10 carlins de 100 grains, 1784..........	22,810	839$\frac{1}{2}$	4,2^5
	2 carlins, depuis 1804...	4,589	833$\frac{1}{3}$	0,85
	1 carlin, depuis 1804....	2,2945	833$\frac{1}{3}$	0,42,^{5}
	Ducat de 10 carlins, de 1818................	22,943	833$\frac{1}{3}$	4,25
	PARME.			
Or.	Sequin................	3,468	1000	11,95
	Pistole de 1784.........	7,498	891	23,01
	Pistole de 1786 à 1791...	7,141	891	21,91,^{50}
	40 lire de Marie-Louise, depuis 1815..........	12,9032	900	40 »
	20 lire, *idem*, depuis 1815.	6,4516	900	20 »
Arg.	Ducat de 1784 et 1796...	25,707	906	5,18
	Pièce de 3 liv. , depuis 1790................	3,672	833	0,68
	— d'une livre 10 sols, depuis 1790..........	1,836	833	0,34
	5 lire de Marie-Louise, depuis 1815..........	25,000	900	5 »
	2 lire, 1 lira, $\frac{1}{2}$, $\frac{1}{4}$ de lira. à proportion..........	» »	»	» »

Nature.	Dénomination des pièces.	Poids légal.	Tit. lég.	Valeurs.
	PAYS-BAS.			
Or.	Ducat......................	38512	986	11f93c
	Ryder.....................	9.988	920	31,65
	Vingt florins, 1808.....	13,659	917	13,14
	Dix florins, *idem*.......	6,8295	917	21,57
	— de Guillaume, 1818..	6,700	900	20,77
Arg.	Florin de 20 sous ou 100 cents.....................	10,597	917	2,15,94
	Escalin ou pièce de 6 sous.	4,976	583	0,64
	Ducaton ou ryder......	32,750	941	6,85
	Ducat ou risdale........	28,230	873	5,48
	PERSE.			
Or.	*(Par approximation.)*			
	Roupie...................	» »	»	36,75
	Demi.....................	» »	»	18,37,50
Arg.	Double roupie de 5 abassis.	» »	»	4,90
	Roupie de 2 $\frac{1}{2}$ abassis....	» »	»	2,45
	Abassi...................	» »	»	0,97
	Mamoudi.................	» »	»	0,48,50
	Larin....................	» »	»	1,03
	PORTUGAL.			
Or.	Moeda douro lisbonnine de 4,800 reis..........	10,752	917	33,96
	Meia moeda demi-lisbonnine 2,400 reis.........	5,376	917	16,98
	Quartino, quart de lisbonnine de 1,200 reis..	2,688	917	8,49
	Meia dobra, portugaise de 6,400 reis...........	14,334	917	45,27

Nature.	Dénomination des pièces.	Poids légal.	Tit. lég.	Valeurs.
	PORTUGAL (*Suite.*)			
Or.	Demi-portugaise de 3,200 reis..................	78167	917	22ʳ63ᶜ50
	Pièce de 16 testons de 1,600 reis.............	3,583	917	11,31,75
	— de 12 testons de 1,200 reis..................	2,538	917	8,02
	— de 8 testons de 800 reis.	1,792	917	5,66
	Cruzade de 480 reis.....	1,045	917	3,30
Arg.	Cruzade neuve de 480 reis.	14,633	903	2,94
	1,000 reis.................	»	»	» 6,12,0
	PRUSSE.			
Or.	Ducat....................	3,491	979	117,7
	Frédéric.................	6,689	903	20,80
	Demi....................	3,3445	903	10,40
Arg.	Risdale ou thaler de 30 silbergros de 1823.....	22,272	750	3,71,1
	Pièce de 5 silbergros....	3,712	750	0,61,8
	Silbergros, valeur intrins.	2,192	208	0,10
	RAGUSE.			
Or.	Néant.			
Arg.	Talaro, dit ragusine....	29,400	600	3,90
	Demi....................	14,700	600	1,95
	Ducat...................	13,666	450	1,37
	12 grossettes...........	4,140	450	0,41
	6 grossettes............	2,070	450	0,20,5
	RUSSIE.			
Or.	Ducat de 1755 à 1763...	3,495	979	11,79
	— de 1763..............	3,473	969	11,59

Nature.	Dénomination des pièces.	Poids légal.	Tit. lég.	Valeurs.
	RUSSIE (*Suite.*)			
Or.	Impériale de 10 roubles, de 1755 à 1763........	16s585	917	52f38c
	Demi de 5 roubles, de 1755 à 1763.........	8,2925	917	26,19
	Impériale de 10 roubles, depuis 1763.........	3,073	917	41,29
	Demi de 5 roubles, depuis 1763............	6,5365	917	20,64,50
Arg.	Rouble de 100 copecks de 1750 à 1762...........	25,870	802	4,61
	Rouble de 100 copecks, depuis 1763 à 1807....	24,011	750	4, 0
	SARDAIGNE.			
Or.	Carlin, depuis 1768.....	16,056	892	49,33
	Demi.............	8,028	892	24,66,50
	Pistole.............	9,118	906	28,45
	Demi.............	4,559	906	14,22,50
Arg.	Ecu, depuis 1768.......	23,590	896	4,70
	Demi-écu..........	11,795	896	2,35
	Quart d'écu ou 1 livre...	5,8975	896	1,17,50
	Ecu neuf de 5 livres, 1816.	25,000	900	5, 0
	SAVOIE ET PIÉMONT.			
Or.	Sequin................	3,468	1000	11,94,50
	Double neuv. pist. de 24 l.	9,620	906	30,0
	Demi de 12 livres.......	4,810	906	15,0
	Carlin, depuis 1755.....	48,100	906	150,0
	Demi.............	24,050	906	75,0

Nature.	Dénomination des pièces.	Poids légal.	Tit. lég.	Valeurs.
	SAVOIE ET PIÉMONT. *(Suite.)*			
Or.	Pistole neuve de 20 livres, de 1816............	6ᵍ4516	900	20ᶠ 0ᶜ
Arg.	Ecu de 6 livres, depuis 1755................	35,118	906	7,07
	Demi-écu................	17,559	906	3,53,50
	Un quart ou 30 sous....	8,7795	906	1,76,75
	Demi-quart ou 15 sous..	4,3897	906	0,88,37
	Ecu neuf de 5 livres, 1816.	25 »	900	5, 0
Or.	Sequin de Gênes........	3,487	1000	12,01
	SAXE.			
Or.	Ducat................	3,491	986	11,86
	Double Auguste ou 10 thalers...............	13,340	903	41,49
	Auguste ou 5 thalers....	6,670	903	20,74,50
	Demi-Auguste.........	3,335	903	10,37,25
Arg.	Risdale d'espèce ou écu de convention depuis 1763.	28,064	833	5,19,50
	Demi ou florin de convention................	14,032	833	2,59,75
	Thaler de 24 bons gros (monnaie imaginaire).	» »	»	3,89,63
	Un gros ou 32ᵉ de risdale, ou 24ᵉ thaler.........	1,982	368	0,16,21
	SICILE.			
Or.	Once, depuis 1748......	4,399	906	13,73
Arg.	Ecu de 12 tarins........	27,533	833 ⅓	5,10

Nature.	Dénomination des pièces.	Poids légal.	Tit. lég.	Valeurs.
	SUÈDE.			
Or.	Ducat..................	3,8482	976	11f70c
	Demi...............	1,741	976	5,85
	Un quart.............	0,8705	976	2,92,50
Arg.	Risdale d'espèce de 48 schellings de 1720 à 1802.................	29,508	878	5,75,73
	Deux tiers de risdale ou double plotte de 32 schellings............	19,672	878	3,83,82
	Un tiers ou 16 schellings................	9,836	878	1,91,91
	SUISSE.			
Or.	Pièce de 32 franken de Suisse................	15,297	904	47,63
	— de 16................	7,6485	904	23,81,50
	Ducat de Zurich........	3,491	979	11,77
	— de Berne............	3,452	979	11,64
	Pistole de Berne........	7,648	902	23,76
Arg.	Ecu de Bâle de 30 batz ou 2 florins..........	23,386	878	4,56
	Demi-écu ou florin de 15 batz................	11,693	878	2,28
	Franc de Berne depuis 1803................	7,512	900	1,50
	Ecu de Zurich de 1781..	25,057	844	4,70
	Demi ou florin depuis 1781................	12,5285	844	2,35
	Ecu de 40 batz de Bâle et Soleure depuis 1798...	29,480	901	5,90

Nature.	Dénomination des pièces.	Poids légal.	Tit. lég.	Valeurs.
	SUISSE. (*Suite.*)			
Arg.	Pièce de 4 franken de Berne de 1799.........	29,8370	901	5,88[c]
	— de 4 franken de Suisse en 1803........... .	30,049	900	6, 0
	— de 2 franken de Suisse en 1803............	15,0245	900	3, 0
	— d'un franken de Suisse en 1803.............	7,5123	900	1,50
	TOSCANE.			
Or.	Ruspone ou 3 sequins aux lis................	10,464	1000	36,04
	Un tiers ruspone ou sequin aux lis.........	3,488	1000	12,01,3
	Demi-sequin...........	1,744	1000	6,00,6
	Sequin à l'effigie........	3,488	1000	12,01,3
	Rosine...............	6,976	896	21,54
	Demi...............	3,488	896	10,77
Arg.	Francescone de 10 pauls, livournine, piastre à la rose, talaro, léopoldine et écu de 10 pauls.....	27,507	917	5,61
	Pièce de 5 pauls........	13,7535	917	2,80,5
	— de 2 pauls...........	5,501	917	1,12,2
	— de 1 paul...........	2,751	917	0,56,1
	TURQUIE.			
Or.	Sequin zermahboud du sultan Abdoul-Hamet, 1774............	2,642	958	8,72

Nature.	Dénomination des pièces.	Poids légal.	Tit. lég.	Valeurs.
	TURQUIE. (*Suite.*)			
Or.	Nisfie ou demi-zermah-boud du sultan Abdoul Hamet, 1774..........	18,321	958	4f36c
	Roubbié, ou quart sequin fondoukli............	0,881	802	2,43,33
	Sequin de zermahboub de Selim III..........	2,642	802	7,30
Arg.	Demi.................	1,321	802	3,65
	Un quart.............	0,661	802	1,82,50
	L'allmichlec de 60 paras, depuis 1771.........	28,822	550	3,52
	Yaremlec de 20 paras ou 60 aspres, 1757.......	» »	»	0,99
	Roubb de 10 paras ou 30 aspres, 1757.........	» »	»	0,49,50
	Para de 3 aspres, 1773..	» »	»	0,04
	Aspre, dont 120 pour la piastre de 1773.......	» »	»	0,01,33
	Piastre de 40 paras ou 120 aspres, 1780..........	18,015	550	2, 0
	Pièce de 5 piastres de Mahmoud, 1811......	» »	»	4,13,67

CHAPITRE IX.

DE L'ESCOMPTE ET DE LA MANIÈRE DE LE CALCULER.

L'escompte est une opération importante pour les remises d'argent, les prêts, l'intérêt des dépôts ou des avances que font les banquiers, les agens de change et les négocians en général.

Les tables propres à faire connaître le montant ou le prix de l'escompte, à raison du temps, de la somme escomptée et de l'intérêt auquel on escompte, sont donc d'un service journalier dans le commerce de la banque.

Cette considération nous détermine à placer ici des tables d'escompte, qui font connaître ce que doit donner d'intérêt une somme en proportion de sa valeur et du temps pour lequel elle aura été escomptée.

Nous n'irons pas plus bas que 10 fr., ni plus haut que 100 fr., et nous supposerons le taux auquel l'escompte est fait à 4 pour 100.

Il sera aisé de connaître quel devra être l'intérêt pour des sommes plus fortes, un intérêt ou temps plus considérable que ceux qui sont indiqués ici, en faisant une simple règle de proportion; car si 10 fr., par exemple, produisent en dix jours un intérêt quelconque, il est clair qu'en vingt jours ils produiront le double; si au lieu de dix jours on prend soixante jours, on aura six fois plus; et si on suppose une somme plus forte ou un taux plus haut de l'escompte, on aura un produit plus considérable pour l'intérêt à toucher ou à payer. Tout consiste donc dans une règle de proportion.

Si 80 francs à 4 pour 100 d'intérêt par an, donnent pour trente jours 26 c., combien 40 fr. donneront-ils pour le même temps? Ils donneront 13 c.

Si le nombre de jours pour l'escompte a été différent de part et d'autre, il faudra multiplier les sommes données par le nombre de jours correspondant à chaque somme.

Si les 80 fr. sont escomptés ou restent soumis à l'intérêt vingt jours, et les 40 fr. quinze jours, on doit donc multiplier les 80 fr. par vingt, et les 40 fr. par quinze, parce que plus le terme est long, plus l'intérêt ou l'escompte est fort.

Tarif de l'Escompte de 10 francs, à 4 pour 100 par an, ou à $\frac{4}{12}$ ou $\frac{1}{3}$ pour 100 par mois.

Jours.	Produit de l'escompte.	Jours.	Produit de l'escompte.	Jours.	Produit de l'escompte.	Jours.	Produit de l'escompte.
	fr. c.		fr. c.		fr. c.		fr. c.
1	0,00	33	0,03	65	0,07	97	0,10
2	0,00	34	0,03	66	0,07	98	0,10
3	0,00	35	0,03	67	0,07	99	0,11
4	0,00	36	0,04	68	0,07	100	0,11
5	0,00	37	0,04	69	0,07	101	0,11
6	0,00	38	0,04	70	0,07	102	0,11
7	0,00	39	0,04	71	0,07	103	0,11
8	0,00	40	0,04	72	0,08	104	0,11
9	0,01	41	0,04	73	0,08	105	0,11
10	0,01	42	0,04	74	0,08	106	0,11
11	0,01	43	0,04	75	0,08	107	0,11
12	0,01	44	0,04	76	0,08	108	0,12
13	0,01	45	0,05	77	0,08	109	0,12
14	0,01	46	0,05	78	0,08	110	0,12
15	0,01	47	0,05	79	0,08	111	0,12
16	0,01	48	0,05	80	0,08	112	0,12
17	0,01	49	0,05	81	0,09	113	0,12
18	0,02	50	0,05	82	0,09	114	0,12
19	0,02	51	0,05	83	0,09	115	0,12
20	0,02	52	0,05	84	0,09	116	0,12
21	0,02	53	0,05	85	0,09	117	0,13
22	0,02	54	0,06	86	0,09	118	0,13
23	0,02	55	0,06	87	0,09	119	0,13
24	0,02	56	0,06	88	0,09	120	0,13
25	0,02	57	0,06	89	0,09	150	0,16
26	0,02	58	0,06	90	0,10	180	0,20
27	0,03	59	0,06	91	0,10	210	0,23
28	0,03	60	0,06	92	0,10	240	0,26
29	0,03	61	0,06	93	0,10	270	0,30
30	0,03	62	0,06	94	0,10	300	0,33
31	0,03	63	0,07	95	0,10	330	0,36
32	0,03	64	0,07	96	0,10	360	0,40

Tarif de l'Escompte de 20 francs, à 4 pour 100 par an, ou à $\frac{4}{12}$ ou $\frac{1}{3}$ pour 100 par mois.

Jours.	Produit de l'escompte.	Jours.	Produit de l'escompte.	Jours.	Produit de l'escompte.	Jours.	Produit de l'escompte.
	fr. c.		fr. c.		fr. c.		fr. c.
1	0,00	33	0,07	65	0,14	97	0,21
2	0,00	34	0,07	66	0,14	98	0,21
3	0,00	35	0,07	67	0,14	99	0,22
4	0,00	36	0,08	68	0,15	100	0,22
5	0,01	37	0,08	69	0,15	101	0,22
6	0,01	38	0,08	70	0,15	102	0,22
7	0,01	39	0,08	71	0,15	103	0,22
8	0,01	40	0,08	72	0,16	104	0,23
9	0,02	41	0,09	73	0,16	105	0,23
10	0,02	42	0,09	74	0,16	106	0,23
11	0,02	43	0,09	75	0,16	107	0,23
12	0,02	44	0,09	76	0,16	108	0,24
13	0,02	45	0,10	77	0,17	109	0,24
14	0,03	46	0,10	78	0,17	110	0,24
15	0,03	47	0,10	79	0,17	111	0,24
16	0,03	48	0,10	80	0,17	112	0,24
17	0,03	49	0,10	81	0,18	113	0,25
18	0,04	50	0,11	82	0,18	114	0,25
19	0,04	51	0,11	83	0,18	115	0,25
20	0,04	52	0,11	84	0,18	116	0,25
21	0,04	53	0,11	85	0,18	117	0,26
22	0,04	54	0,12	86	0,19	118	0,26
23	0,05	55	0,12	87	0,19	119	0,26
24	0,05	56	0,12	88	0,19	120	0,26
25	0,05	57	0,12	89	0,19	150	0,33
26	0,05	58	0,12	90	0,20	180	0,40
27	0,06	59	0,13	91	0,20	210	0,46
28	0,06	60	0,13	92	0,20	240	0,53
29	0,06	61	0,13	93	0,20	270	0,60
30	0,06	62	0,13	94	0,20	300	0,66
31	0,06	63	0,14	95	0,21	330	0,73
32	0,07	64	0,14	96	0,21	360	0,80

Tarif de l'Escompte de 40 francs, à 4 pour 100 par an, ou à $\frac{4}{12}$ ou $\frac{1}{3}$ pour 100 par mois.

Jours.	Produit de l'escompte.	Jours.	Produit de l'escompte.	Jours.	Produit de l'escompte.	Jours.	Produit de l'escompte.
	fr. c.		fr. c.		fr. c.		fr. c.
1	0,00	33	0,14	65	0,28	97	0,43
2	0,00	34	0,15	66	0,29	98	0,43
3	0,01	35	0,15	67	0,29	99	0,44
4	0,01	36	0,16	68	0,30	100	0,44
5	0,02	37	0,16	69	0,30	101	0,44
6	0,02	38	0,16	70	0,31	102	0,45
7	0,03	39	0,17	71	0,31	103	0,45
8	0,03	40	0,17	72	0,32	104	0,46
9	0,04	41	0,18	73	0,32	105	0,46
10	0,04	42	0,18	74	0,32	106	0,47
11	0,04	43	0,19	75	0,33	107	0,47
12	0,05	44	0,19	76	0,33	108	0,48
13	0,05	45	0,20	77	0,34	109	0,48
14	0,06	46	0,20	78	0,34	110	0,48
15	0,06	47	0,20	79	0,35	111	0,49
16	0,07	48	0,21	80	0,35	112	0,49
17	0,07	49	0,21	81	0,36	113	0,50
18	0,08	50	0,22	82	0,36	114	0,50
19	0,08	51	0,22	83	0,36	115	0,51
20	0,08	52	0,23	84	0,37	116	0,51
21	0,09	53	0,23	85	0,37	117	0,52
22	0,09	54	0,24	86	0,38	118	0,52
23	0,10	55	0,24	87	0,38	119	0,52
24	0,10	56	0,24	88	0,39	120	0,53
25	0,11	57	0,25	89	0,39	150	0,66
26	0,11	58	0,25	90	0,40	180	0,80
27	0,12	59	0,26	91	0,40	210	0,93
28	0,12	60	0,26	92	0,40	240	1,06
29	0,12	61	0,27	93	0,41	270	1,20
30	0,13	62	0,27	94	0,41	300	1,33
31	0,13	63	0,28	95	0,42	330	1,46
32	0,14	64	0,28	96	0,42	360	1,60

Tarif de l'Escompte de 80 francs, à 4 pour 100 par an, ou à $\frac{4}{12}$ ou $\frac{1}{3}$ pour 100 par mois.

Jours.	Produit de l'escompte.	Jours.	Produit de l'escompte.	Jours.	Produit de l'escompte.	Jours.	Produit de l'escompte.
	fr. c.		fr. c.		fr. c.		fr. c.
1	0,00	33	0,29	65	0,57	97	0,86
2	0,01	34	0,30	66	0,58	98	0,87
3	0,02	35	0,31	67	0,59	99	0,88
4	0,03	36	0,32	68	0,60	100	0,88
5	0,04	37	0,32	69	0,61	101	0,89
6	0,05	38	0,33	70	0,62	102	0,90
7	0,06	39	0,34	71	0,63	103	0,91
8	0,07	40	0,35	72	0,64	104	0,92
9	0,08	41	0,36	73	0,64	105	0,93
10	0,08	42	0,37	74	0,65	106	0,94
11	0,09	43	0,38	75	0,66	107	0,95
12	0,10	44	0,39	76	0,67	108	0,96
13	0,11	45	0,40	77	0,68	109	0,96
14	0,12	46	0,40	78	0,69	110	0,97
15	0,13	47	0,41	79	0,70	111	0,98
16	0,14	48	0,42	80	0,71	112	0,99
17	0,15	49	0,43	81	0,72	113	1,00
18	0,16	50	0,44	82	0,72	114	1,01
19	0,16	51	0,45	83	0,73	115	1,02
20	0,17	52	0,46	84	0,74	116	1,03
21	0,18	53	0,47	85	0,75	117	1,04
22	0,19	54	0,48	86	0,76	118	1,04
23	0,20	55	0,48	87	0,77	119	1,05
24	0,21	56	0,49	88	0,78	120	1,06
25	0,22	57	0,50	89	0,79	150	1,33
26	0,23	58	0,51	90	0,80	180	1,60
27	0,24	59	0,52	91	0,80	210	1,86
28	0,24	60	0,53	92	0,81	240	2,13
29	0,25	61	0,54	93	0,82	270	2,40
30	0,26	62	0,55	94	0,83	300	2,66
31	0,27	63	0,56	95	0,84	330	2,93
32	0,28	64	0,56	96	0,85	360	3,20

Tarif de l'Escompte de 100 francs, à 4 pour 100 par an, ou à $\frac{4}{12}$ ou $\frac{1}{3}$ pour 100 par mois.

Jours.	Produit de l'escompte.	Jours.	Produit de l'escompte.	Jours.	Produit de l'escompte.	Jours.	Produit de l'escompte.
	fr. c.		fr. c.		fr. c.		fr. c.
1	0,01	33	0,36	65	0,72	97	1,07
2	0,02	34	0,37	66	0,73	98	1,08
3	0,03	35	0,38	67	0,74	99	1,10
4	0,04	36	0,40	68	0,75	100	1,11
5	0,05	37	0,41	69	8,76	101	1,12
6	0,06	38	0,42	70	0,77	102	1,13
7	0,07	39	0,43	71	0,78	103	1,14
8	0,08	40	0,44	72	0,80	104	1,15
9	0,10	41	0,45	73	0,81	105	1,16
10	0,11	42	0,46	74	0,82	106	1,17
11	0,12	43	0,47	75	0,83	107	1,18
12	0,13	44	0,48	76	0,84	108	1,20
13	0,14	45	0,50	77	0,85	109	1,21
14	0,15	46	0,51	78	0,86	110	1,22
15	0,16	47	0,52	79	0,87	111	1,23
16	0,17	48	0,53	80	0,88	112	1,24
17	0,18	49	0,54	81	0,90	113	1,25
18	0,20	50	0,55	82	0,91	114	1,26
19	0,21	51	0,56	83	0,92	115	1,27
20	0,22	52	0,57	84	0,93	116	1,28
21	0,23	53	0,58	85	0,94	117	1,30
22	0,24	54	0,60	86	0,95	118	1,31
23	0,25	55	0,61	87	0,96	119	1,32
24	0,26	56	0,62	88	0,97	120	1,33
25	0,27	57	0,63	89	0,98	150	1,66
26	0,28	58	0,64	90	1,00	180	2,00
27	0,30	59	0,65	91	1,01	210	2,33
28	0,31	60	0,66	92	1,02	240	2,66
29	0,32	61	0,67	93	1,03	270	3,00
30	0,33	62	0,68	94	1,04	300	3,33
31	0,34	63	0,70	95	1,05	330	3,66
32	0,35	64	0,71	96	1,06	360	4,00

CHAPITRE X.

DES BANQUES EN GÉNÉRAL, ET DE CELLE DE FRANCE.

Le nom de banque nous vient de l'Italie; d'abord synonyme de commerce en général, il y est encore employé dans ce sens. Il dérive de *banc*, ou comptoir sur lequel on paie ou l'on reçoit; comme chez les Romains, la table sur laquelle on comptait fournissait le nom aux receveurs et aux banquiers, *tabularii*. La cessation des paiemens est marquée par l'abandon du banc, au figuré la rupture, *banco rupto*, la banqueroute.

Dans les anciennes républiques d'Italie, ceux qui avaient prêté à l'État dans de pressantes nécessités, et qu'on ne pouvait rembourser en argent, recevaient en paiement ou en gage commun l'assignation d'un revenu public ou d'une propriété, et s'associaient pour l'exploiter. Ces associations, successivement réunies, formaient de grandes *banques* ou sociétés. On les appelait aussi, et on les appelle encore en

Italie des *monts*, pour signifier des masses, des agrégations d'intérêts mis ensemble ; l'expression du mont-de-piété n'a pas d'autre origine. Les portions de ces masses furent divisées en *actions* transmissibles ; elles devinrent un genre de propriété regardé comme fort solide. La répartition du bénéfice se faisait tous les ans. Le dividende était porté sur les *livres*, au profit de chaque actionnaire, qui le retirait à volonté. Quand il se présentait, les notaires ou officiers de la banque, dépositaires du livre, délivraient à la partie prenante un bon sur la caisse, à vue et au porteur. Ces mandats, qu'à cause de la parfaite certitude de leur réalisation en argent, on ne se pressait pas d'échanger sans besoin, passaient dans les paiemens particuliers d'une main à l'autre, au lieu d'argent ; souvent même sans retirer de mandat, on cédait sa créance par un simple *transfert* sur les livres de la banque. C'est l'origine des *comptes en banque* et des billets de banque. On trouva ces pratiques si commodes, on s'aperçut qu'elles se prêtaient aux compensations avec une telle économie de frais, de soins et mouvemens d'espèces, qu'on étendit ce service.

On ne se borna plus aux crédits pour les distributions des dividendes de la banque; on la constitua *caisse de dépôts*; on versa de l'argent dans ses coffres afin d'avoir des crédits disponibles sur ses livres ou de ses billets en portefeuille.

Tel est à peu près le système sur lequel repose l'édifice de la Banque de France, à quoi cependant il faut ajouter les opérations de l'escompte, si utiles au commerce, et qui ont accru prodigieusement son fonds.

Cet établissement a succédé à celui qui portait le nom de *caisse d'escompte*, et qui avait rendu de grands services au commerce. La Banque de France exista d'abord comme simple compagnie commerciale, en 1800. Elle fut ensuite légalement organisée par une loi du 14 avril 1803, qui lui accorda le privilége exclusif, pendant quinze années, d'émettre seule des billets payables au porteur et à vue, dont les contrefacteurs seraient punis de mort. La loi du 22 avril 1806 a prorogé de vingt-cinq ans au-delà des quinze premières années ce privilége, ce qui le porte à quarante ans, qui ont commencé à courir du 23 septembre 1803.

L'organisation de la Banque est formée d'un gouverneur, d'un conseil général, de deux sous-gouverneurs, de quinze régens, de trois censeurs, d'un conseil d'escompte composé de douze membres, et d'un conseil contentieux. Un décret du 16 janvier 1808 approuve les statuts de la Banque, délibérés par le conseil général, en exécution de la loi du 22 avril 1806.

Le conseil général détermine le taux des escomptes, ainsi que les sommes à y employer. — Il lui est rendu compte de toutes les opérations de la Banque; il se réunit une fois au moins chaque semaine. — Le compte annuel, qui doit être rendu à l'assemblée des actionnaires, est arrêté par le conseil général. — Le conseil général nomme, remplace et réélit, à la majorité absolue, les membres des comités et des commissions spéciales. — Les régens et censeurs sont nommés par l'assemblée générale des actionnaires; les membres du conseil d'escompte sont nommés par les censeurs, sur des listes de candidats arrêtées par le conseil général, à raison de trois candidats pour chaque. — Sept régens sur les quinze, les censeurs et les membres du conseil d'escompte, doivent être en activité de commerce ; de plus, trois des régens doivent être receveurs généraux.

La loi qui régit les immeubles régit aussi les actions de la Banque, lorsqu'elles sont immobilisées par la simple déclaration qu'a droit d'en faire le propriétaire. — Un avis du conseil d'État a décidé que les actions immobilisées ne peuvent être remobilisées, si ce n'est dans les cas prévus par les statuts de 1808 et 1809 concernant les majorats. — Les actions immobilisées peuvent être affectées à la dotation d'un majorat.

Le capital primitif de la Banque de France est de 90,000,000 de francs, produit par 90,000 actions de 1,000 francs chaque. Ce capital s'est accru annuellement des fonds de réserve retenus lors de la fixation des dividendes, d'après, 1°. la prudence du conseil général ; 2°. ensuite d'après la loi du 24 germinal an XI, et 3°. d'après la loi d'avril 1806, qui a prescrit de mettre en réserve le tiers des bénéfices excédant la répartition du dividende légal, qui ne peut être moindre de 6 pour 100 l'an. Les fonds de réserve sont destinés à fournir au besoin ce dividende légal, à payer l'immeuble, à couvrir les pertes qui pourraient résulter des avaries du porte-feuille, des faux billets, et afin que le capital ne puisse jamais être entamé. Le capital se trouve donc augmenté du montant des réserves; mais cette augmentation est devenue si considérable, que, par une loi de juillet 1820, il a été réparti 203 fr. par action; d'où il suit que le capital primitif a été réduit à 797 fr., auxquels il faut ajouter les réserves inaliénables non réparties et celles faites depuis 1820. — La transmission des actions ne peut avoir lieu que par la déclaration du propriétaire, signée sur les registres, et certifiée par un agent de change. On peut séparer la nue propriété de l'usufruit, et par conséquent disposer de la nue propriété. — L'emploi du capital de la Banque est destiné:

1°. *A l'escompte* des lettres de change et de tous effets de commerce à ordre, à des échéances qui ne peuvent excéder le terme de quatre-vingt-dix jours, revêtus de trois signatures, etc.

2°. *Aux avances sur les effets publics* remis en recouvrement lorsque leurs échances sont déterminées.

3°. A faire des *avances sur les dépôts de lin-gots ou monnaies d'or et d'argent* qui lui sont faits, moyennant l'intérêt d'un pour 100 par an. Le terme pour les dépôts est fixé à quarante-cinq jours ; ils peuvent être renouvelés. — Si le dépôt n'est pas ou retiré ou renouvelé à l'échéance, la Banque en peut disposer ; elle n'admet aucun dépôt au-dessous de 10,000 fr.

4°. A la *tenue d'une caisse de dépôts volon-taires*, pour tous titres, effets publics natio-naux et étrangers, actions, contrats, obliga-tions de toute espèce, lettres de change, billets, et tous engagemens à ordre au porteur, les lin-gots d'or et d'argent, les monnaies d'or et d'ar-gent nationales et étrangères, et les diamans, moyennant un droit de garde sur la valeur esti-mative du dépôt : ce droit est d'un centime par mois pour 100 fr.

5°. A faire, pour le compte des particuliers et des établissemens publics, *le renouvellement des effets.*

6°. A la recette en compte courant des sommes qui lui sont versées par des particu-liers et des établissemens publics, et à payer des dispositions faites sur elle, et des engagemens pris à domicile, jusqu'à la concurrence des sommes encaissées.

La Banque fournit aux personnes qui le désirent des récépissés de toutes sommes payables à vue; ces récépissés font, sous certains rapports, office de billets de banque, à la différence que les billets peuvent être volés, au lieu que le récépissé, n'étant payable que sur la quittance du propriétaire, n'a pas à craindre cet événement.

Les jours d'escompte sont les lundi, mercredi et vendredi, à deux heures. — Le taux est déterminé par le conseil général, qui peut, selon les circonstances, raccourcir les échéances.

L'extrait suivant indique quelles sont les formalités requises pour être admis à l'escompte.

Extrait des lois, statuts et réglemens servant d'instruction pour l'escompte et les comptes courans.

ESCOMPTE.

Art. 1er. La Banque n'admet à l'escompte que *des lettres de change et autres effets de commerce à ordre* à des échéances déterminées, qui ne peuvent excéder *quatre-vingt-dix* jours.

Art. 2. La Banque n'admet que des effets timbrés et garantis par trois signatures, au moins, de commerçans et autres personnes *notoirement solvables*.

Art. 3. Elle admet cependant les effets à deux signatures seulement, mais *notoirement solvables*, après s'être assurée qu'ils ont été créés pour fait de marchandises, si on ajoute à la garantie des deux signatures un transfert à la Banque, soit de ses actions, soit de 5 pour 100 consolidés, valeur nominale.

Art. 4. La Banque refuse d'escompter les effets dérivant d'opérations qui paraissent contraires à la sûreté de l'État; les effets résultant d'un commerce prohibé; les effets, dits *de circulation*, créés collusoirement entre les signataires sans cause ni valeur réelle.

Art. 5. Pour être admis à présenter à l'escompte, il faut en faire la demande à M. le gouverneur. La demande doit indiquer les noms et prénoms du demandeur ou des demandeurs, leur domicile, leur profession; s'ils font le commerce; l'époque de leur établissement et la nature de leur commerce; s'il y a société ; la raison sociale, les noms et signatures des associés gérant et signant pour la société.

Art. 6. La demande doit être appuyée d'un certificat signé par trois personnes connues, attestant la signature du demandeur ou des demandeurs, *et qu'ils font* honneur à leurs engagemens.

Art. 7. La demande et le certificat sont communiqués au comité des escomptes et soumis au conseil général, qui statue sur l'admission.

Art. 8. Les faillis non réhabilités ne peuvent être admis à l'escompte.

Art. 9. Les faillis réhabilités ne sont admis à l'escompte qu'après avoir communiqué le jugement de réhabilitation au conseil général, qui statue l'admission.

Art. 10. La Banque escompte trois fois par semaine. Les jours d'escompte sont les lundi, mercredi et vendredi.

Art. 11. Les bordereaux de présentation à l'escompte doivent être remis la veille ou le jour même de l'escompte avant onze heures : passé cette heure, ils ne sont plus reçus.

Art. 12. Ces bordereaux doivent être datés et signés par le présentateur ou son fondé de pouvoir. La procuration doit rester déposée à la Banque. Ils doivent indiquer, 1°. les noms, prénoms, profession et domicile des présentateurs, ou la raison sociale; 2°. la somme de chaque effet réduite en francs; 3°. les échéances, en commençant par la plus courte et finissant par la plus longue; 4°. le nom des débiteurs, soit comme accepteurs pour les traites, soit comme confectionnaires pour les billets; 5°. le nom des tireurs pour les traites, le nom de celui à l'ordre de qui l'effet a été consenti pour les billets; 6°. le domicile des débiteurs, lorsqu'il n'est pas indiqué sur les effets; le montant total des effets présentés, énoncé en toutes lettres au-dessus de la signature.

Art. 13. Les effets présentés à l'escompte doivent être signés en blanc par le présentateur.

Art. 14. Les bordereaux de présentation des effets à deux signatures doivent mentionner, en tête et en toutes lettres, le nombre d'actions et les sommes en 5 pour 100 consolidés transférées à la Banque pour la garantie additionnelle.

Art. 15. Ne sont point admis aux escomptes les effets qui ne sont pas confectionnés dans les formes voulues par les lois; ceux qui ne sont pas acceptés; ceux dont *tous* les endossemens ne sont pas remplis et datés; ceux qui ne sont pas revêtus du timbre proportionnel de l'État; ceux sur lesquels il y a des surcharges, renvois ou ratures non approuvés; ceux qui sont mal cotés; ceux où les livres ne sont pas réduites en francs.

Art. 16. Le chef du bureau des escomptes est autorisé à rendre les bordereaux ou les effets présentés pour lesquels on ne se sera pas conformé aux dispositions ci-dessus.

Art. 17. Ceux qui se croient fondés à réclamer contre les opérations de l'escompte, doivent adresser leurs réclamations à M. le gouverneur et à MM. les censeurs.

Comptes courans.

Art. 18. Pour être admis au compte courant, il faut remplir les mêmes formalités que pour l'admission à l'escompte.

Art. 19. L'objet et le résultat d'un compte courant à la Banque sont de faire effectuer par elle les recettes et les paiemens.

Art. 20. La recette par la Banque au profit d'un compte courant se compose, 1°. du produit des escomptes; 2°. du versement qu'on lui fait en billets de banque ou espèces; 3°. du produit des effets payables à Paris, autrement dits effets au comptant, dont le recouvrement lui est confié; 4°. des avances qu'elle fait sur dépôt de lingots ou monnaies étrangères d'or et d'argent.

Art. 21. Les versemens de toute nature faits à la Banque au crédit d'un compte courant sont inscrits par les chefs respectifs au crédit du petit livret qui est fourni par la Banque.

Art. 22. La Banque fournit les bordereaux destinés à constater les versemens des diverses natures. La forme des bordereaux d'escompte est déterminée par les articles 12 et 14 ci-dessus. Le bordereau des effets au comptant doit énoncer le montant de chaque effet; son échéance, le nom du débiteur, soit comme accepteur pour les traites, soit comme confectionnaire pour les billets; le domicile du débiteur, s'il n'est pas sur les effets. Le montant total du bordereau doit y être exprimé en toutes lettres. Le bordereau doit être signé et daté par le compte courant ou son fondé de pouvoir. Le bordereau des versemens en espèces ou billets de banque doit énoncer la nature des billets ou des espèces que l'on verse. Le total du versement doit y être exprimé en toutes lettres. Il doit être daté et signé par le compte courant ou son fondé de pouvoir. Les versemens résultant des avances faites sur dépôts de lingots ou de monnaies étrangères, sont constatés par un récépissé que la Banque fournit, lequel peut être transmis par endossement.

Art. 23. Les paiemens à faire par la Banque pour les comptes courans ont lieu de deux manières : 1°. par des reçus directs, payables au porteur ; 2°. en prenant à la Banque domicile pour le paiement de tous les engagemens quelconques.

Art. 24. La Banque ne paie jamais à l'acquit des comptes courans que jusqu'à concurrence des fonds encaissés. On ne peut disposer du produit des effets au comptant que le lendemain de l'encaissement.

Art. 25. Ceux qui font des dispositions sur la Banque sans y avoir des fonds suffisans pour les acquitter, peuvent être privés de la faculté de continuer d'y avoir leur compte courant ; ce qui n'a lieu néanmoins que par délibération du conseil général.

Art. 26. Les reçus directs à délivrer par les comptes courans leur sont fournis par la Banque ; ils sont imprimés et gravés ; ils sont au nom du compte courant ; ils ont une lettre de série, un numéro et un talon. Ils ne sont payés qu'après vérification sur le registre des talons ; ils doivent être datés, remplis et signés par le compte courant ou son fondé de pouvoir. La somme déclarée reçue doit être portée en chiffres bien faits dans le cartouche à ce destiné ; elle doit être inscrite en toutes lettres sur la ligne réglée, ménagée à cet effet dans le corps du reçu. Il faut nommer au bas du reçu la personne à qui il a été délivré.

Art. 27. Ces reçus ne doivent jamais avoir d'autre date que celle du jour où ils sont délivrés. Ils ne peuvent jamais faire fonction d'engagement à échéance.

Art. 28. Le compte courant qui contracte des engagemens payables à la Banque, doit en donner avis dans les dix jours qui précèdent l'échéance. L'avis doit être daté et signé par le compte courant; le montant total des engagemens doit y être énoncé en toutes lettres. Il doit indiquer la nature de l'engagement; son montant; son échéance; le lieu où il a été créé; la date et l'ordre; le nom du tireur ou confectionnaire.

Art. 29. Le compte courant doit porter sur son livret et à son débit toutes les dispositions qu'il fait sur la Banque, soit par des reçus directs, soit par des engagemens payables à la Banque.

Art. 30. Les comptes courans doivent être réglés et portés à nouveau sur le livret au moins tous les trois mois. Les reçus de Banque et les effets par elle acquittés pour compte des particuliers ayant leur compte courant, leur sont rendus lors des réglemens des comptes. La Banque s'en fait donner décharge par les comptes courans ou leurs fondés de pouvoir, sur des registres à ce destinés.

Art. 31. La Banque n'admet aucune opposition sur les sommes qui lui sont confiées en compte courant.

SECONDE PARTIE.

FONCTIONS, ATTRIBUTIONS DE L'AGENT DE CHANGE; OPÉRATIONS DONT IL EST CHARGÉ DANS LES NÉGOCIATIONS D'EFFETS PUBLICS.

CHAPITRE PREMIER.

DES AGENS DE CHANGE ET DE LEURS FONCTIONS.

On doit distinguer deux points de vue différens dans les droits et les obligations des agens de change. Les uns sont du ressort de la loi, et ont été réglés principalement par le Code de Commerce; les autres, surtout en ce qui concerne leur service dans les bourses de commerce, l'ont été par des actes d'administration et des ordonnances du Roi. Nous devons donc parler des uns et des autres; il en sera de même des courtiers de commerce, après quoi nous exposerons les opérations dont ils sont chargés, le régime des bourses de commerce et les transactions dont les agens de change et les courtiers sont les intermédiaires; ce sujet nous donnera l'occasion de faire connaître la nature et les espèces d'effets publics et de commerce qui se négocient dans ces lieux exclusivement consacrés à cet objet. Commençons par les dispositions du Code de Commerce.

« Les agens de change, dit le Code (art. 76), constitués de la manière prescrite par la loi, ont seuls le droit de faire les négociations des effets publics et autres susceptibles d'être cotés; de faire pour le compte d'autrui les négociations des lettres de change et billets, et de tous papiers commerçables, et d'en constater le cours. Ils peuvent faire concurremment avec les courtiers de marchandises les négociations et le courtage des ventes ou achats des matières métalliques; ils ont seuls le droit d'en constater le cours.

« Ceux qui ont fait faillite ne peuvent être agens de change, s'ils n'ont été réhabilités. »

Les agens de change sont tenus d'avoir un *livre* coté et paraphé, et visé, soit par un juge du tribunal de commerce, soit par le maire ou adjoint, dans les formes ordinaires et sans frais, en tout semblable à celui des négocians. Ils sont tenus de consigner dans ce livre jour par jour, et par ordre de dates, sans ratures, entrelignes et transpositions, et sans observations ni chiffres, toutes les conditions des ventes, des achats, assurances, négociations, et enfin toutes les opérations faites par leur ministère.

Il n'est question comme on voit que des opérations de leur ministère dans le *livre* des agens de change, et cette restriction établit une grande différence entre ce livre et ceux des négocians et commerçans qui doivent énoncer généralement toutes leurs recettes et dépenses, et même celles de leurs maisons, ainsi que nous l'avons vu plus haut.

L'agent de change ni le courtier ne sont considérés comme commerçans; tout au contraire, leur profession est incompatible avec toute espèce de commerce, ainsi qu'il résulte de l'article suivant (85 *du Code*).

« Un agent de change ne peut, dans aucun cas et sous aucun prétexte, faire des opérations de commerce ou de banque pour son compte. Il ne peut s'intéresser directement ni indirectement dans aucune entreprise de commerce ; il ne peut recevoir ni payer pour le compte de ses commettans. — Il ne peut se rendre garant de l'exécution des marchés dans lesquels il s'entremet. » (1)

Toute contravention à ces dispositions entraîne la peine de destitution et une condamnation d'amende, qui est prononcée par le tribunal de police correctionnelle, et qui ne peut être au-dessus de 3000 fr., sans préjudice de l'action des parties en dommages-intérêts. Tout agent de change destitué en vertu de cet article ne peut être réintégré dans ses fonctions. En cas de faillite, l'agent de change ou courtier est poursuivi comme banqueroutier.

Cette disposition rigoureuse du Code de Commerce est une conséquence de celles qui interdisent à l'agent de change, aussi-bien qu'au courtier, de ne rien recevoir ou payer pour leurs commettans, ni de prendre aucun intérêt

____

(1) Cette disposition du Code est implicitement abrogée par l'arrêté du gouvernement du 27 prairial an IX. Mais, malgré cette dérogation, les agens de change, pour se conformer au Code, relatent dans leurs engagemens les noms des agens de change avec lesquels ils ont traité, comme si ceux-ci n'opéraient que par l'ordre et au nom d'un client.

ni participation dans aucune entreprise commerciale.

La loi du 28 ventose an IX porte que dans toutes les villes où il se trouve une bourse établie, il y aura des agens de change et des courtiers de commerce nommés par le gouvernement; qu'ils auront seuls le droit d'en exercer la profession, de constater le cours du change, celui des effets publics, marchandises, matières d'or et d'argent, et de justifier devant les tribunaux et arbitres la vérité et le taux des ventes et achats, et des négociations.

Il est défendu, sous peine d'une amende, qui sera au plus du sixième du cautionnement de l'agent de change ou courtier de commerce, et au moins du douzième, à tous individus autres que ceux nommés par le gouvernement, d'exercer les fonctions d'agent de change ou de courtier. L'amende est prononcée correctionnellement par le tribunal de première instance, payable et applicable aux enfans abandonnés.

Les agens de change et courtiers sont obligés de fournir un cautionnement dont le montant est fixé par le gouvernement. Il est versé à la caisse d'amortissement, et l'intérêt en est payé à 5 p. 100. En cas de démission ou décès, le cautionnement est remboursé par la caisse d'amortissement à l'agent de change ou courtier, ses héritiers ou ayans-cause.

Conformément à la loi du 29 germinal an IX, le cautionnement des agens de change et courtiers de commerce est spécialement affecté à la garantie des condamnations qui pourraient être prononcées contre eux, par suite de l'exercice de leurs fonctions. La même loi porte que lorsque les administrateurs de la caisse d'amortissement auront fait quelque paiement d'après cette disposition, et que le cautionnement se trouvera entamé, l'agent de change ou courtier sera suspendu de ses fonctions jusqu'à ce qu'il ait complété le cautionnement.

Cette loi veut encore que les agens de change et courtiers de chaque place où il y en a d'établis, nomment entre eux, et à la majorité absolue, un syndic et six adjoints, pour exercer une police intérieure à la Bourse, rechercher les contraventions aux lois et réglemens, et les faire connaître à l'autorité publique.

« S'il arrive une contestation entre les agens de change ou courtiers, relativement à l'exercice de leurs fonctions, elle sera portée devant les syndic et adjoints qui sont autorisés à donner leur avis.

« Si les intéressés ne veulent pas s'y conformer, elle sera portée devant le tribunal de commerce, qui prononcera s'il s'agit d'intérêts civils ; et au procureur du Roi près le tribunal de première instance, s'il s'agit d'un fait de police et de contravention aux lois et réglemens, pour qu'il exerce les poursuites sans délai, le tout sans préjudice du droit des parties intéressées. » (Art. 16 de la loi citée.)

Le préfet de police à Paris, le commissaire général de police à Marseille, Lyon et Bordeaux, et le maire des autres places de commerce, peuvent proposer la suspension des agens de change ou courtiers qui ne se conformeraient pas aux réglemens, ou prévariqueraient dans leurs fonctions. Le préfet de police, à Paris, s'adresse à cet effet au gouvernement ; dans les départemens, c'est au préfet du département que les maires en rendent compte.

« Lorsque deux agens de change seront d'accord d'une négociation à la Bourse, ils doivent se donner réciproquement leurs billets, par lesquels l'un promettra de fournir les effets négociés, et l'autre le prix des mêmes effets. (Arrêt du Conseil du 24 septembre 1724.)

« Les agens de change et courtiers sont tenus
de fournir avant la sortie de la bourse, à ceux
qui les auront employés, un bordereau signé
d'eux, des négociations et opérations qu'ils auront faites. (*Idem.*)

« Il est défendu aux agens de change et courtiers de commerce, de se faire suppléer ou représenter dans l'intérieur du parquet de la
bourse. Il est enjoint aux syndic, adjoints, et
aux commissaires, d'interdire l'entrée du parquet à tout individu autre que les agens de
change et courtiers de commerce. » (*Voy.* Bourses du commerce.)

Un arrêté du gouvernement du 27 prairial
an x (16 juin 1802), a tracé d'une manière détaillée les fonctions et devoirs des agens de change
et courtiers ; nous allons les faire connaître.

D'après ce réglement les agens de change et
les courtiers de commerce ne peuvent être associés, ni caissiers d'aucun négociant, marchand
ou banquier ; ils ne peuvent pareillement faire
aucun commerce de marchandises, lettres, bil

lets, effets publics et particuliers pour l'escompte, ni endosser aucun billet, lettre de change ou effets négociables quelconques, ni avoir entre eux ou avec qui que ce soit, aucune société de banque ou en commandite, ni prêter leur nom, pour une négociation, à des citoyens non commissionnés, sous peine de 3,000 fr. d'amende et de destitution; mais il n'est pas dérogé à la faculté qu'ont les agens de change de donner leur *aval* pour les effets de commerce.

Les agens de change et courtiers de commerce sont tenus de consigner leurs opérations sur des *carnets*, et de les transcrire dans le jour sur un journal timbré, coté et paraphé par les juges du tribunal de commerce, lesquels registres et carnets ils sont tenus de représenter aux juges et arbitres; ils ne peuvent, en outre, refuser de donner reconnaissance des effets qui leur sont confiés.

Lorsque deux agens de change ou courtiers de commerce ont consommé une opération, le réglement veut que chacun d'eux l'inscrive sur son carnet et le rende à l'autre.

Chaque agent de change devant avoir reçu de ses cliens les effets qu'il vend, ou les sommes nécessaires pour les payer, dit encore le même réglement, est responsable de la livraison et du paiement de ce qu'il aura vendu et acheté ; son cautionnement sera affecté à cette garantie, et sera saisissable en cas de non-consommation dans l'intervalle d'une bourse à l'autre, sauf le délai nécessaire au transfert des ventes ou autres effets publics, dont la remise exige des formalités.

Les noms des agens de change suspendus pour les causes expliquées dans l'arrêté du 25 germinal an ix, rapportées plus haut, sont affichés à la Bourse.

Les agens de change sont civilement responsables de la vérité de la dernière signature des lettres de change ou autres effets qu'ils négocient.

Le même arrêté du 27 prairial an x, veut qu'à compter de sa publication, les transferts d'inscriptions sur le *grand livre* de la dette puplique, soient faits en présence d'un agent de change de la Bourse de Paris, qui certifiera l'identité du propriétaire, la vérité de sa signature et des pièces produites. Cet agent de change sera, par le seul effet de sa certification, responsable de la validité desdits transports, en ce qui concerne l'identité du propriétaire, la vérité de sa signature et des pièces produites. Cette garantie ne pourra avoir lieu que pendant cinq années, à partir de la déclaration du transfert.

En cas de mort, démission ou dissolution, l'agent de change ne peut, d'après le même arrêté, ainsi que ses héritiers ou ayans-cause, demander le remboursement par lui fourni, qu'en justifiant d'un certificat des syndics des agens de change, constatant que la cessation de ses fonctions a été annoncée et affichée depuis un mois à la Bourse, et qu'il n'est survenu aucune réclamation à cet égard.

« Ne pourront, les agens de change et courtiers de commerce, sous peine de destitution et de 3,000 fr. d'amende, négocier aucune lettre, billet, vendre aucune marchandise appartenant à des gens dont la faillite serait connue.

« Les agens de change devront garder le secret le plus inviolable aux personnes qui les auront chargés de négociations, à moins que les parties ne consentent à être nommées, ou que la nature des opérations ne l'exige.

« Ne pourront, les agens de change et courtiers de commerce, exiger ni recevoir aucune somme au-delà des droits qui leur sont attribués par les tarifs arrêtés par les tribunaux de commerce, sous peine de concussion; et ils auront la faculté de se faire payer de leurs droits après la consommation de chaque négociation, ou sur des mémoires, qu'ils fourniront de trois mois en trois mois, des négociations faites par leur entremise aux banquiers, négocians ou autres, pour le compte desquels ils les auront faites. »

Le même réglement du 27 prairial a tracé les dispositions qui concernent la discipline intérieure de la compagnie des agens de change et courtiers, en se référant, pour son organisation, à l'article 15 de l'arrêté du 29 germinal an IX. Cet article veut que les agens de chaque place se réunissent, et nomment, à la majorité absolue, un syndic et six adjoints pour exercer une police intérieure, rechercher les contraventions aux lois, et les faire connaître à l'autorité publique; leurs fonctions durent un an.

Extrait de la délibération portant nomination doit, à chaque élection, être envoyée dans les vingt-quatre heures au préfet de police,

Paris, et au commissaire-général de police, ou au maire, dans les autres places.

Une délibération de la chambre syndicale des agens de change de Paris, en date du 20 fructidor an x (16 juin 1802), a fixé l'application de l'article 13 de l'arrêté du 27 prairial, rapporté plus haut, et précisé les détails dans lesquels chaque nature d'effets publics doit être livrée et payée, et déterminé des mesures pour assurer l'exactitude des livraisons et paiemens.

« Art. 1. Tous les effets au porteur seront livrés et payés dans l'intervalle d'une bourse à l'autre.

« Art. 2. A l'égard des effets transmissibles par voie d'endossement, l'agent de change acheteur sera tenu de remettre, dans l'intervalle d'une bourse à l'autre, les noms auxquels ils devront être endossés. Le lendemain, ces effets devront être livrés et payés, de manière que le troisième jour, y compris celui de la négociation, elle soit entièrement consommée. » (1)

____

(1) Voyez page 89, ce qui concerne le transfert des rentes par les agens de change.

CHAPITRE II.

DU TRANSFERT DES RENTES PAR LE MINISTÈRE DES AGENS DE CHANGE.

La rente est le grand objet qui occupe les agens de change, c'est elle qui leur a donné une haute importance, et qui les a mis sous un régime spécial dans l'ordre administratif.

Plusieurs lois antérieures au Code de Commerce ont prononcé sur les attributions administratives des agens de change pour les transferts des rentes qui en forment la plus importante. C'est d'après ces lois, qui sont celles du 28 floréal an VII, et le décret du 13 thermidor et l'arrêté des Consuls du 27 prairial an X, que nous rapporterons sommairement ici ce qui concerne les fonctions des agens de change dans les négociations des rentes.

La dette constituée ou rente perpétuelle dite *cinq pour cent consolidés*, est inscrite sur un *grand livre*: chaque partie doit y être inscrite au nom de son propriétaire, jusqu'à ce qu'il en dispose, ce qui a lieu par un *transfert*; aucune opposition, sauf pour le privilége du trésor public sur les comptables, n'étant reçue contre le titulaire de l'inscription d'une rente, tout transfert qu'il vient déclarer et signer sur les registres de la dette publique est inattaquable, et comme le complément est une nouvelle inscription faite sur les livres au profit du nouveau cessionnaire, opération matérielle qui prend quelques jours, une disposition expresse de la loi garantit à cet acquéreur qu'il peut payer sans crainte d'obstacle, aussitôt qu'on lui a délivré au trésor royal un *bulletin* attestant provisoirement que le consentement au transfert a été donné à l'ancien titulaire. Au bout de quelques jours ce bulletin est échangé contre le certificat ou extrait de la nouvelle inscription, et cet extrait se nomme *inscription*. Toute personne à qui le propriétaire certifie ce titre ou *inscription*, est censée son procureur fondé, autorisé à recevoir la rente annuelle, laquelle est payée par semestre, à partir du 22 mars et 22 septembre de chaque année. Mais le titulaire seul peut transférer, à moins d'une procuration très spéciale, et par cela même que l'inscription est confiée sans formalité à un simple

porteur, il faut en cas de transfert s'assurer que
ce porteur, s'il se présente comme titulaire,
est bien l'individu inscrit comme tel. C'est aux
agens de change que cette fonction est réservée
(*arrêté du 27 prairial an* x). En cela, ils tiennent la place d'officiers publics. Le transfert
est fait en leur présence. Ils certifient l'identité
du propriétaire, la vérité de la signature et des
pièces produites, et ils sont responsables, à cet
égard, pendant cinq ans. Ce privilége de confiance leur assure la jouissance de celui qu'ils
ont de faire seuls les négociations des rentes,
du moins pour celles qui donnent lieu à une
livraison réelle, le transfert ne peut se faire sans
eux, et pas même directement d'un particulier
à un autre.

Chaque agent de change devant avoir reçu
de ses *cliens* (commettans) les effets qu'il vend,
ou les sommes nécessaires pour payer ceux qu'il
achette, est responsable de la livraison et du
paiement de ce qu'il aura vendu et acheté, aux
termes de l'arrêté du 27 prairial an ix, art. 13
cette disposition constitue une exception directe
à l'article du Code, qui défend aux courtiers
agens de change de garantir les marchés, et

payer ni recevoir pour les parties (art. 85, 86), et comme cet arrêté du gouvernement est postérieur à la date du Code, il sert de règle aux agens de change dans leurs négociations.

Lorsqu'il sera question des opérations de la bourse, nous parlerons plus en détail de celles dont les agens de change s'occupent principalement, et surtout des spéculations sur les rentes soit à *marché ferme* ou à *marché à prime.*

La délibération de la chambre syndicale des agens de change de Paris, en date du 16 juin 1802, porte ce qui suit sur le transfert des rentes exécuté par le ministère des agens de change.

Art. 3. Quant aux inscriptions sur le grand livre de la dette publique dont le transfert exige quelques formalités, l'agent de change, acheteur, sera également tenu de remettre, dans l'intervalle d'une bourse à l'autre, les noms à l'agent de change vendeur, qui par contre et au même instant devra lui remettre un bulletin certifiant le dépôt de l'inscription vendue fait à la direction de la dette publique; il sera accordé un délai qui ne pourra excéder cinq jours, y compris celui de l'échange dudit bulletin de dépôt, contre les noms pour la livraison du bulletin de transfert, sur la représentation duquel l'acheteur sera toujours tenu de payer.

Art. 4. Après l'expiration des délais ci-dessus fixés, la partie lésée par les retards sera libre de refuser la consommation de la négociation, en prévenant le syndic ou l'un de ses adjoints, ou de l'exiger en vendant ou en achetant par leur entremise pour le compte de la partie en retard, et aux risques de l'agent de change, sauf tout recours de droit contre ses commettans. »

La forme des bordereaux à présenter dans les bureaux de la dette inscrite, a fixé l'attention de l'administration des finances, et l'arrêté du ministre à cet égard, du 26 février 1821, tient à l'exécution de la délibération de la compagnie des agens de change que nous venons de transcrire.

« Considérant, dit le ministre, que le décret du 27 prairial an X, portant organisation de la Bourse de Paris, prescrit l'intervention des agens de change dans les déclarations de transfert pour certifier l'identité du propriétaire vendeur, la vérité de la signature et celle des pièces produites ; que par suite de cette intervention obli--

gée, les agens de change sont encore chargés d'indiquer aux bureaux les noms et prénoms des acquéreurs des inscriptions vendues, et que cette communication importante a lieu ordinairement par les productions de notes ou bordereaux informes ou non certifiés, dont l'incertitude donne lieu fréquemment à des réclamations ou demandes en rectification de la part des acquéreurs, arrête :

« Que les bordereaux présentés dans les bureaux de la dette inscrite pour dresser les déclarations de transfert, seront dans la forme du modèle ci-joint.

« Qu'ils seront certifiés et signés de l'agent de change, négociateur de la vente, tant pour l'indication et quotité des inscriptions, dont ces extraits seront rapportés, que pour l'exactitude des noms et prénoms des acquéreurs, la quotité des portions de rentes à attribuer à chacun d'eux.

« Que ces bordereaux seront vérifiés à la direction des mutations et transferts, et conservés à la direction du grand livre, comme preuve de la régularité des écritures passées pour l'exécution des ventes d'inscriptions.

Modèles de Bordereaux conformément à l'arrêté du ministre des finances, du 26 février 1821.

<table>
<tr><td>COMPAGNIE
des
AGENS DE CHANGE.</td><td>*TRANSFERT DE RENTES 5 pour $\frac{o}{o}$ CONSOLIDÉS.*
Jouissance du   18</td></tr>
</table>

ANCIENNES INSCRIPTIONS.

SÉRIES.	NUMÉROS.	COUPURES.	NOMS DES TITULAIRES DES INSCRIPTIONS VENDUES.	SOMMES DE RENTES.
			Indiquer dans cette colonne le premier nom seulement porté dans l'inscription. Lorsque l'inscription est départementale, indiquer, au lieu du nom du rentier, celui du département, et mettre dans la première colonne 1re série, et laisser le numéro en blanc. Exprimer le total de ce bordereau en toutes lettres, et signer.	

NOUVELLES INSCRIPTIONS.

	SÉRIES.	NUMÉROS.	NOMS ET PRÉNOMS DES ACQUÉREURS.	SOMMES DE RENTES.
			Lorsqu'il y aura un reste de compte, indiquer les nom et prénoms du propriétaire. Exprimer en toutes lettres le total de ce deuxième bordereau, et signer.	

Une ordonnance du Roi du 30 janvier 1822 a prescrit des mesures relatives au transfert des rentes de cinq pour cent consolidés, à l'époque de l'ouverture de chaque semestre, dont il est utile que les agens de change aient connaissance. Il y est dit que d'après les règles établies jusqu'alors au trésor royal pour les transferts des rentes, les ventes au comptant étaient périodiquement suspendues pendant les dix-huit jours qui précèdent l'ouverture de chaque semestre; que l'effet de cette suspension, en privant momentanément les propriétaires d'inscriptions de la disponibilité de leurs capitaux, les oblige à des ventes dont la réalisation est nécessairement ajournée; qu'en conséquence, il n'y aura plus à l'avenir, aux fins des semestres, aucune suspension dans les écritures tenues au trésor royal, pour l'exécution du transfert des rentes cinq pour cent consolidés et reconnaissances de liquidation nominatives.

Les négociations à la Bourse avec jouissance du semestre courant seront fermées les 6 mars et 6 septembre de chaque année; celles du lendemain 7, seront portées avec jouissance du semestre suivant, et exécutées immédiatement au moyen des dispositions réglementaires arrêtées à cet effet par le ministre. (1)

CHAPITRE III.

NOMINATION ET RÉCEPTION DES AGENS DE CHANGE.

Un arrêté du gouvernement du 19 germinal an IX, rappelé dans l'ordonnance du Roi du 3 juillet 1816, sur le mode de transmission des fonctions d'agens de change, a déterminé ainsi qu'il suit la nomination aux places d'agens de change et courtiers de commerce.

Une assemblée générale et spéciale de dix banquiers ou négocians, et pour Paris huit banquiers et huit négocians, sera tenue à cet effet. On y formera une liste double du nombre d'agens de change et courtiers à nommer. Ils adresseront cette liste au préfet du département, qui pourra y ajouter les noms qu'il voudra, sans excéder toutefois le quart du total. Le préfet l'adressera au ministre de l'intérieur (au-

---

(1) Voyez le chapitre *Des Négociations des rentes à la Bourse de Paris*, dans la quatrième partie de ce Manuel.

jourd'hui du commerce), qui pourra ajouter un nombre de noms égal aussi au quart de la première liste ; il présentera ensuite la liste au premier consul (au Roi), qui en fera la nomination.

« Art. 6. Nul ne pourra être inscrit sur ces listes s'il ne justifie qu'il a exercé la profession d'agent de change, courtier ou négociant, ou travaillé dans une maison de banque, de commerce ou chez un notaire à Paris, pendant quatre ans au moins.

« Art. 7. Aucun individu en état de faillite, ayant fait abandon de biens ou atermoiement, sans s'être depuis réhabilité, ou ne jouissant pas du droit de citoyen français, ne pourra être nommé agent de change ou courtier.

« Art. 8. Au commencement de chaque trimestre, le tribunal de commerce nommera, conformément à l'article ci-dessus, dans les villes de département, dix négocians ou banquiers, et huit négocians et huit banquiers à Paris, pour présenter une liste double, afin de pourvoir aux places vacantes.

« Les commissions d'agens de change et courtiers de commerce seront présentées et enregistrées au tribunal de commerce qui recevra de l'agent de change ou courtier la promesse de fidélité à la constitution.

« Les noms des agens de change et courtiers qui auront rempli ces formalités, seront inscrits sur un tableau placé dans un lieu apparent du tribunal de commerce ou à la Bourse. »

CHAPITRE IV.

DES CAUTIONNEMENS DES AGENS DE CHANGE.

Nombre de lois et ordonnances ont prononcé sur les cautionnemens des agens de change et la quotité à laquelle ils ont été fixés, ainsi que sur les formes de leur remboursement. Nous en avons fait connaître une partie; nous croyons devoir y ajouter les dispositions réglementaires suivantes, qui ne sont pas moins importantes.

Les agens de change et courtiers de commerce, lorsqu'ils cessent leurs fonctions, sont tenus, avant de pouvoir réclamer leur cautionnement à la caisse d'amortissement, de déclarer au greffe du tribunal de commerce, qu'ils cessent leurs fonctions; cette déclaration sera affichée dans le lieu des séances du tribunal, pendant trois mois ; après ce délai, et après la levée des oppositions directement faites à la caisse d'amortissement, s'il en est survenu, leur cautionnement leur sera remboursé par cette caisse sur la présentation et le dépôt d'un certificat du greffier, visé par le président du tribunal, que la déclaration prescrite a été affichée pendant le délai fixé ; que pendant cet intervalle il n'a été prononcé contre eux aucune condamnation pour faits relatifs à leurs fonctions, ou que les oppositions survenues ont été levées. Ils sont encore obligés de faire afficher, pendant le même délai, la déclaration de la cessation de leurs fonctions à la Bourse, auprès de laquelle ils exercent, et de produire à la caisse d'amortissement le certificat du syndic de la Bourse, relatif à l'affiche de leur démission, joint au certificat du greffier, visé par le président du tribunal

Les agens de change et courtiers de commerce destitués sont soumis aux mêmes formalités pour la notification de la vacance, ainsi que les héritiers de ceux qui seraient décédés dans l'exercice de leurs fonctions.

La loi des finances du 28 avril 1816 a statué

sur les cautionnemens et supplémens de cautionnement des agens de change et courtiers de commerce, et par une loi postérieure du 9 janvier 1818, le cautionnement définitif des agens de change et courtiers a été fixé, ainsi que les places de commerce où il en serait établi.

Il résulte de la première de ces lois que les agens de change et courtiers de commerce peuvent présenter à l'agrément du Roi leurs successeurs, pourvu qu'ils réunissent les qualités exigées par les lois. Cette faculté n'a pas lieu pour les titulaires destitués.

Celle du 19 mai 1816 contient plusieurs dispositions essentielles concernant les agens de change de Paris seulement; elle détermine d'abord que cette compagnie est placée dans les attributions du ministre des finances; que lorsqu'il sera question de nommer aux places d'agens de change vacantes, la chambre syndicale des agens de change présente une liste triple du nombre des places à remplir; sur cette liste adressée au ministre des finances, le Roi nomme ceux qu'il croit dignes de ce choix.

La chambre syndicale de Paris a, sur les membres de la compagnie, la surveillance et l'autorité d'une chambre de discipline, et peut, suivant la gravité des cas, suspendre les contrevenans de leurs fonctions, et provoquer, auprès du ministre des finances, leur destitution.

Les agens de change qui veulent disposer de leur charge, doivent, d'après la même loi, faire agréer provisoirement leurs successeurs par la chambre syndicale, qui exprime son adhésion motivée, et les présente au ministre chargé de les agréer définitivement, pour être, sur sa proposition, présentés à la nomination du Roi.

La même faculté est accordée aux veuves et aux enfans des agens de change qui décèdent dans l'exercice de leurs fonctions.

Cette ordonnance et les formalités qu'elle prescrit sont applicables seulement à la ville de Paris : une ordonnance postérieure, du 3 juillet 1816, a réglé le mode de transmission des fonctions d'agens de change et de courtiers de commerce dans tout le royaume, au cas de décès ou de démission.

« Après avoir réglé, par notre ordonnance du 29 mai 1816, y est-il dit, le mode de nomination des agens de change de Paris, placés dans les attributions du département des finances, et voulant statuer ce qu'il convient d'adopter, tant pour les agens de change des autres places, que pour les courtiers de commerce de tout le royaume, les uns et les autres ressortissant au ministère de l'intérieur (aujourd'hui celui du commerce), nous avons ordonné ce qui suit :

« Dans le cas de transmission prévu par la la loi du 28 avril 1816, les agens de change et courtiers de commerce pourront présenter leurs successeurs, à la charge par ces derniers de justifier, de la manière ci-après déterminée, qu'ils réunissent les qualités requises. La même faculté est accordée aux veuves et enfans des titulaires qui décéderont en exercice.

« Les demandes de transmission seront adressées aux préfets, et par eux envoyées au tribunal de commerce du ressort.

« Ces tribunaux donneront leur avis sur l'aptitude et la réputation de probité du candidat présenté, et en se conformant d'ailleurs aux articles 88 et 89 du Code de Commerce, et aux art. 6 et 7 de l'arrêté du 29 germinal an IX. (1)

____

(1) Voyez l'article *de la Nomination des agens de change et courtiers,* qui précède.

« Les demandes seront ensuite communiquées par le préfet aux syndic et adjoints des agens de change et courtiers pour avoir leurs observations; partout où il n'existera pas de syndic et adjoints, l'avis favorable du tribunal de commerce suffira.

« Ces formalités remplies, la demande sera adressée au ministre de l'intérieur par le préfet, qui y joindra son avis; le ministre agréera définitivement le candidat, et le proposera au Roi.

« Les agens de change et courtiers de commerce, leurs veuves et enfans, ne peuvent jouir de la faculté de désigner et présenter leurs successeurs, qu'autant qu'ils auront fourni leur cautionnement en entier. » (1)

---

(1) Voyez, pour la police qui s'exerce à la Bourse sur les agens de change et les courtiers, le chapitre *Bourses de commerce.*

CHAPITRE V.

ÉTAT DE FIXATION DES CAUTIONNEMENS DES AGENS DE CHANGE.

La loi des finances du 28 avril 1816 avait ordonné qu'il serait fait, par le gouvernement, une nouvelle fixation des cautionnemens des agens de change et courtiers de commerce, et que cette fixation serait réglée sur la population et le commerce des villes où résident lesdits agens de change et courtiers, et de manière cependant que le *minimum* du cautionnement soit de 4,000 fr., et le *maximum* de 120,000 fr.

Une ordonnance du 9 janvier 1818 a, en conséquence de cette loi, établi le tarif suivant des cautionnemens; on y remarquera que celui des agens de change de Paris est porté à 125,000 f., quoique le *maximum* soit borné par la loi à 120,000 fr.

Tableau général des Cautionnemens des Agens de change et Courtiers, arrêtés en exécution de la loi du 28 avril 1816.

DÉPARTEMENS.	RÉSIDENCES.	QUALITÉS.	Nouvelle fixation des cautionnemens en vertu de la loi du 28 avril 1816.
			fr.
Aube.........	Troyes......	Agens de change....	8,000
		Courtiers de marchandises........	5,000
	Castelnaudary.	Idem............	4,000
Aude........	Carcassonne...	Agens de change courtiers de marchandises........	6,000
	Narbonne....	Courtiers de marchandises........	4,000
Aveyron......	Rodez.......	Agens de change courtiers de marchandises........	6,000
	Arles........	Courtiers de marchandises........	4,000
B.-du-Rhône..		Agens de change....	15,000
	Marseille.....	Courtiers de marchandises, assurances, et conducteurs de navires interprètes......	8,000
	Bayeux......	Courtiers de marchandises........	4,000
	Caen........	Idem............	5,000
		Courtiers conducteurs de navires interprètes......	5,000
Calvados.....	Vire........	Courtiers de marchandises........	4,000
	Honfleur....	Courtiers de marchandises, d'assurances et conduite de navires......	4,000

DÉPARTEMENS.	RÉSIDENCES.	QUALITÉS.	Nouvelle fixation des cautionnemens en vertu de la loi du 28 avril 1816.
			fr.
Charente......	Angoulême...	Courtiers de marchandises........	4,000
Charente-Inférieure......	La Rochelle...	Agens de change courtiers de marchandises........	8,000
		Courtiers conducteurs de navires et assurances.....	4,000
	La Tremblade.	Courtiers de navires.	4,000
	Marans......	Idem...............	4,000
	Marennes....	Idem...............	4,000
	Oléron (Ile d'.)	Idem...............	4,000
	Saint-Martin (Ile de Ré).	Idem...............	4,000
	Rochefort....	Agens de change courtiers de marchandises........	6,000
		Courtiers de navires.	4,000
	Tonnay-Charente.....	Idem.............	4,000
Finistère......	Brest........	Agens de change courtiers de marchandises........	6,000
		Courtiers conducteurs de navires..	5,000
	Morlaix.....	Courtiers de marchandises, assurances et conduite de navires.......	4,000
	Quimper.....	Courtier conducteur de navires interprète..........	4,000

DÉPARTEMENS.	RÉSIDENCES.	QUALITÉS.	Nouvelle fixation des cautionnemens en vertu de la loi du 28 avril 1816.
			fr.
Gard	Nîmes	Agens de change	6,000
	Nîmes	Courtiers de marchandises	4,000
Gers	Auch	Idem	4,000
Gironde	Barsac	Courtiers de marchandises, assurances et conduite de navires	4,000
	Blaye	Idem	4,000
	Bordeaux	Agens de change	15,000
	Bordeaux	Courtiers	8,000
	Lamarque	Courtiers de marchandises, assurances et conduite de navires	4,000
	Langon	Idem	4,000
	Languirau	Idem	4,000
	Libourne	Idem	4,000
	Sainte-Foy	Courtiers de marchandises	4,000
	Saint-Macaire	Idem	4,000
	Pouillac	Idem	8,000
Haute-Garonne	Toulouse	Agens de change	4,500
	Toulouse	Courtiers de marchandises	4,000
Hérault	Agde	Idem	4,000
	Béziers	Idem	4,000
	Cette	Idem	4,000
	Cette	Courtiers de navires interprètes	4,000
	Montpellier	Agens de change	8,000
	Montpellier	Courtiers de marchandises	4,500
	Pezenas	Idem	4,000

DÉPARTEMENS.	RÉSIDENCES.	QUALITÉS.	Nouvelle fixation des cautionnemens en vertu de la loi du 28 avril 1816.
			fr.
Ille-et-Vilaine.	Redon..........	Courtiers de navires.	4,000
	Rennes.......	Courtiers de marchandises........	4,000
	Saint-Malo....	Courtiers de marchandises, assurances et conduite de navires........	4,000
Indre-et-Loire.	Tours.........	Courtiers de marchandises........	4,000
Isère..........	Grenoble......	Agens de change courtiers de marchandises........	6,000
	Vienne.......	Idem.............	4,000
	Voiron........	Idem.............	4,000
Loir-et-Cher...	Blois.........	Courtiers de marchandises........	4,000
Loire..........	Saint-Etienne.	Idem.............	4,000
Loiret.........	Orléans.......	Idem.............	5,000
Loire-Inférieure	Nantes........	Agens de change courtiers de marchandises........	8,000
		Courtiers conducteurs de navires..	8,000
		Courtiers d'assurances..........	8,000
	Le Croisic....	Courtiers de navires.	4,000
	Paimbœuf....	Idem.............	4,000
	Saint-Nazaire.	Idem.............	4,000
Lot-et-Garonne.	Agen.........	Courtiers de marchandises et agens de change........	6,000
Manche........	Cherbourg....	Courtiers de marchandises, conducteurs de navires..	4,000

DÉPARTEMENS.	RÉSIDENCES.	QUALITÉS.	Nouvelle fixation des cautionnemens en vertu de la loi du 28 avril 1816.
			fr.
Marne.........	Reims........	Agens de change....	6,000
		Courtiers de commerce..........	4,000
	Lorient......	Agens de change courtiers de marchandises........	8,000
Morbihan.....	Port-Louis...	Courtiers de navires et d'assurances...	4,000
		Courtiers de navires...........	4,000
	Vannes......	Courtiers de marchandises et assurances de navires.	4,000
Moselle.......	Metz........	Courtiers de marchandises agens de change.........	8,000
Nièvre........	Nevers.......	Courtiers de marchandises........	4,000
Nord.........	Dunkerque...	Agens de change courtiers de marchandises et de navires.....	12,000
	Lille........	Agens de change....	6,000
		Courtiers de marchandises......	6,000
	Douai.......	Agens de change et courtiers de marchandises.......	8,000
	Valenciennes..	Agens de change....	8,000
		Courtiers de marchandises........	4,000
	Arras........	Agens de change et courtiers de marchandises......	6,000

DÉPARTEMENS.	RÉSIDENCES.	QUALITÉS.	Nouvelle fixation des cautionnemens en vertu de la loi du 28 avril 1816.
			fr.
	Boulogne....	Agens de change....	6,000
		Courtiers de marchandises et de navires...........	5,000
Pas-de-Calais..	Calais........	Agens de change courtiers de marchandises.......	6,000
		Courtiers de navires interprètes......	4,000
	Saint-Omer...	Agens de change courtiers de marchandises.......	6,000
Pyrén. (Basses-)	Bayonne......	Agens de change....	8,000
		Courtiers de marchandises, assurances et conduite de navires.......	4,500
Rhin (Bas-)...	Strasbourg...	Agens de change....	8,000
		Courtiers de marchandises.......	5,500
Rhône........	Lyon........	Agens de change courtiers de soie.	15,000
		Courtiers de soie seulement.......	15,000
		Courtiers de marchandises........	9,000
Saône-et-Loire.	Tarare.......	Idem...........	4,000
	Châlons......	Idem...........	4,000
Sèvres (Deux-).	Niort........	Idem...........	4,000
Somme........	Amiens.......	Agens de change ...	6,000
		Courtiers de march.	5,000
Seine........	Paris........	Agens de change...	125,000
		Courtiers de marchandises........	13,000
		Courtiers d'assur...	15,000

DÉPARTEMENS.	RÉSIDENCES.	QUALITÉS.	Nouvelle fixation des cautionnemens en vertu de la loi du 28 avril 1816.
			fr.
	Havre	Agens de change....	10,000
		Courtiers de marchandises........	8,000
		Courtiers de navires et assurances.....	8,000
Seine-Infér....	Rouen	Agens de change...	15,000
		Courtiers de marchandises, de navires et assurances.	7,000
	Dieppe	Courtiers de marchandises........	4,000
		Courtiers de navires.	4,000
Hte-Garonne..	Montauban...	Courtiers de marchandises........	4,000
	Draguignan..	Idem.............	4,000
Var.........	Toulon......	Courtiers de marchandises, conducteurs de navires..	4,500
		Courtiers conducteurs interprètes..	4,500
Vaucluse.....	Avignon.....	Courtiers de marchandises et pour la soie.........	4,000
Vienne.......	Châtellerault.	Agens de change courtiers de marchandises........	6,000
		Courtiers de roulage.	4,000
Vienne (Hte-).	Limoges.....	Agens de change courtiers........	6,000
		Total....	811,000

TROISIÈME PARTIE.

COURTIERS ; LEURS DIVERSES ESPÈCES ; LEURS FONCTIONS, ATTRIBUTIONS ET OPÉRATIONS DANS LA VENTE DES MARCHANDISES, ET LES TRANSACTIONS COMMERCIALES.

CHAPITRE PREMIER.

DES COURTIERS, DE LEURS DROITS ET FONCTIONS.

Le Code de Commerce distingue plusieurs sortes de courtiers, savoir : 1°. des courtiers de marchandises; 2°. des courtiers d'assurances; 3°. des courtiers interprètes et conducteurs de navires; 4°. des courtiers de transport par terre et par eau.

Les *courtiers de marchandises*, constitués de la manière prescrite par la loi, ont seuls le droit de faire le courtage des marchandises, d'en constater le cours; ils exercent concurremment avec les agens de change le courtage des *matières métalliques*.

Les *courtiers d'assurances* rédigent les contrats et polices d'assurances concurremment avec les notaires; ils en attestent la vérité par leur signature, certifient le taux des primes pour les voyages de mer et de rivière.

Les *courtiers interprètes et conducteurs de navires* font le courtage des affrétemens; ils ont en outre *seuls* le droit de traduire, en cas de contestations portées devant les tribunaux, les déclarations, chartes-parties, connaissemens, contrats, et tous actes de commerce dont la traduction serait nécessaire, afin de constater le cours du fret et du nolis.

Dans les affaires contentieuses de commerce, et pour le service des douanes, ils servent *seuls* de truchemens à tous étrangers, maîtres de navires, marchands, équipages de vaisseaux et personnes de mer.

Le même individu peut, si l'acte du gouvernement qui l'institue l'y autorise, cumuler les fonctions d'agent de change, de courtier de marchandises ou d'assurances, et de courtier interprète et conducteur de navire.

Les *courtiers de transport* par terre et par eau, constitués selon la loi, ont *seuls*, dans les lieux où ils sont établis, le droit de faire le courtage des transports par terre et par eau ; ils ne peuvent cumuler, dans aucun cas et sous aucun prétexte, les fonctions de courtiers de marchandises, d'assurances ou de courtiers conducteurs de navires désignés précédemment.

Ces courtiers de transport, dont le Code parle ici, ne sont autres que ceux qui sont connus dans plusieurs départemens sous la qualité de *commissionnaires de voitures* ou de *roulage*.

Il en est des courtiers de toute espèce comme des agens de change, ceux qui ont failli ne peuvent en exercer la profession, à moins qu'ils n'aient été réhabilités.

Les courtiers sont tenus d'avoir un *livre* revêtu des mêmes formes que ceux que sont obligés de tenir les négocians et marchands ; ils doivent comme eux consigner dans ce livre, jour par jour, et par ordre de dates, sans rature, interlignes, ni transpositions, et sans abréviations ni chiffres, toutes les conditions des ventes, achats, assurances, négociations, et généralement toutes les opérations faites par leur ministère.

« Un courtier ne peut, dans aucun cas, et sous

aucun prétexte, faire des opérations de commerce ou de banque pour son compte.

« Il ne peut s'intéresser directement ni indirectement, sous son nom ou sous un nom interposé, dans aucune entreprise commerciale; il ne peut recevoir ni payer pour le compte de ses commettans.

« Il ne peut se rendre garant de l'exécution des marchés dans lesquels il s'entremêle.

« Toute contravention aux dispositions énoncées dans ces deux articles entraîne la peine de destitution, et une condamnation d'amende qui sera prononcée par le tribunal de police correctionnelle, et qui ne peut être au-dessus de 3,000 fr., sans préjudice de l'action des parties en dommages-intérêts.

« En cas de faillite, tout courtier est poursuivi comme banqueroutier. »

Nous avons essayé de donner une explication de cette disposition rigoureuse, en parlant des agens de change, à qui elle est également appliquée par le Code de Commerce.

Quoique les dispositions du Code de Commerce, relatives aux agens de change, soient communes, sous le rapport des droits et devoirs, aux courtiers, nous parlerons cependant en particulier de ces derniers ici, pour ce qui concerne leurs fonctions, ainsi que des attributions qui leur sont particulières.

Dans toutes les villes où il y a une Bourse de commerce, il y a des courtiers nommés par le gouvernement.

Ils ont seuls le droit de faire des ventes de marchandises à la Bourse, aux enchères, conformément aux ordonnances.

Ils justifient devant les tribunaux ou arbitres la vérité, et les prix des ventes et achats de marchandises.

Il est défendu, sous peine d'amende, à tout individu d'exercer les fonctions de courtier, s'il n'est nommé par le gouvernement. Les courtiers sont obligés de fournir un cautionnement; l'intérêt en est payé à cinq pour cent. Ce cautionnement est spécialement affecté à la garantie des condamnations qu'ils pourraient encourir. En cas de décès ou de démission, le cautionnement est remboursé au courtier ou à ses héritiers (1). Au reste, les formalités pour les

______

(1) Loi du 28 ventose an ix.

cautionnemens des courtiers sont les mêmes que pour ceux des agens de change dont il a été parlé dans le chapitre de ceux-ci.

Nul failli, s'il n'a été réhabilité, ne peut être nommé courtier. La commission de courtier doit être enregistrée au tribunal de commerce, qui reçoit le serment du nouveau titulaire, après quoi son nom est placé sur la liste de la Bourse.

Les courtiers de chaque place se réunissent à la Bourse, et nomment, à la majorité absolue des voix, un syndic et six adjoints pour exercer la police intérieure de la Bourse, rechercher les contraventions, et les faire connaître à l'autorité publique. La durée des fonctions du syndic et des adjoints est fixée à un an. S'il arrive des contestations entre les courtiers, pour raison de leurs fonctions, elles sont portées devant les syndic et adjoints. Si les intéressés ne veulent pas se conformer à leur décision, l'affaire est portée au tribunal de commerce.

Le préfet de police à Paris, le commissaire général de police à Marseille, Lyon et Bordeaux, et les maires des autres places de commerce, peuvent proposer au ministre la suspension des courtiers qui ne se conformeraient pas aux réglemens, ou qui prévariqueraient dans leurs fonctions. (1)

La délibération du tribunal de commerce du département de la Seine, en date du 26 messidor an IX (15 juillet 1801), décide que le droit de courtage doit être payé aux courtiers, par le vendeur, à raison de la moitié d'un franc pour cent francs du montant de la vente, et autant par l'acquéreur.

Il est défendu aux courtiers de se faire représenter dans l'intérieur et au parquet de la Bourse. A la fin de la séance de la Bourse, les courtiers se réunissent dans le parquet de la Bourse, qui leur est consacré, pour la vérification des cotes de marchandises, matières premières ou métalliques, pour en faire constater le cours. Ces réunions doivent avoir lieu devant le commissaire de police attaché au service de la Bourse.

Il est défendu à tout marchand, banquier, agent de change, de confier des négociations, ventes ou achats de marchandises, et de payer

____

(1) Arrêté du gouvernement du 29 germinal an IX (19 avril 1801).

des droits de courtage à d'autres qu'aux courtiers nommés par le gouvernement.

Les courtiers de commerce ne peuvent être associés, teneurs de livres, caissiers d'aucun marchand, négociant ou banquier; ils ne peuvent également faire aucun commerce pour leur propre compte, et sont, à cet égard, en tout assimilés aux agens de change. Ils sont tenus de consigner leurs opérations sur un *carnet*, et de les transcrire, jour par jour, sur un *journal* timbré, coté et paraphé par les juges du tribunal de commerce.

Ainsi que les agens de change, les courtiers de commerce ont la faculté, en cas de démission de leurs fonctions, de transmettre leurs droits à leurs successeurs, pourvu que ceux-ci réunissent les conditions convenables. Le même droit est acquis aux veuves ou héritiers des courtiers. (1) (Voyez le chapitre *Des Agens de change.*)

La loi du 24 avril 1806, et celle du 5 mai de la même année, portent, la première, article 5, « que les courtiers seront assujettis aux

____

(1) Article 91 de la loi du 28 avril 1816, et 3 juillet même année.

exercices des employés, à raison des boissons qu'ils auront en leur possession; » et la seconde porte « qu'il est défendu aux courtiers de faire le commerce en gros des boissons, et que ceux qui ont cette qualité sont tenus de justifier, par des passavans, qu'ils ont reçu par commission, des propriétaires, les boissons qu'ils ont en leur possession. A défaut de cette justification, toutes les boissons qui se trouveront dans leurs magasins seront assujetties au droit du vingtième et à l'amende de cent francs. »

De nombreuses plaintes se sont plusieurs fois élevées contre les individus qui font le courtage des marchandises sans y être autorisés; un projet de loi fut soumis au Conseil d'État en 1809, ayant pour objet de réprimer le commerce illicite des fonctions d'agens de change et de courtiers sur les places de commerce; on y proposait de donner à l'autorité locale administrative, c'est-à-dire aux préfets, sous-préfets et maires, la police du courtage et la répression des infractions commises par des agens non autorisés. Mais le conseil décida qu'on devait appliquer à toutes les bourses de commerce les dispositions des articles 2 et 3 du décret du

10 septembre 1808, rendu pour l'établissement de la Bourse d'Amiens, portant « que le grand-juge ministre de la justice donnera aux procureurs généraux l'ordre de poursuivre, suivant les lois, tous agens de change, courtiers et négocians contrevenant aux lois sur les bourses de commerce et au Code de Commerce, même par information et sans procès-verbaux préalables, ni dénonciation des syndics et adjoints, des courtiers et agens de change; et qu'en conséquence le ministre de la police générale donnera des ordres particuliers aux commissaires de police pour veiller à l'exécution des lois sur cette matière, et informer les cours et les tribunaux des faits survenus à sa connaissance. »

Mais malgré cette disposition rigoureuse, bon nombre d'agens non autorisés font le courtage des marchandises assez publiquement; les agens de change seuls n'offrent rien de semblable dans l'exercice de leurs importantes fonctions.

Outre les attributions de courtage dévolues aux courtiers de commerce, ils jouissent du droit d'exécuter les ventes publiques d'effets, marchandises et denrées coloniales, aux enchères, d'après les formes, et en se conformant aux lois et ordonnances qui font l'objet du chapitre suivant.

CHAPITRE II.

VENTES PUBLIQUES D'EFFETS MOBILIERS ET MARCHANDISES, PAR LE MINISTÈRE DES COURTIERS.

Les ventes publiques de meubles, marchandises, bois, fruits, récoltes et de tous autres objets mobiliers, ne peuvent avoir lieu que par le ministère d'officiers publics, ayant qualité pour y procéder (1). Aucune vente de cette espèce ne peut avoir lieu que préalablement l'officier public n'en ait fait la déclaration au bureau de l'enregistrement. Il sera dressé procès-verbal de la vente, avec désignation des objets vendus à chaque vacation, et du prix où ils auront été adjugés. Les contraventions à ces dispositions sont punies par des amendes depuis 15 fr. jusqu'à 100 fr., suivant l'espèce de contravention

______

(1) Loi du 22 pluviose an VII (10 février 1799).

qui aura été commise par défaut de déclaration et d'omission des articles vendus, dans le procès-verbal de la vente.

Les syndics des créanciers d'un failli peuvent procéder à la vente de ses effets et marchandises, soit par la voie des enchères publiques, par l'entremise des courtiers et à la Bourse, soit à l'amiable, à leur choix.(1)

Deux décrets, un du 22 novembre 1811, et un autre du 17 avril 1812, ont étendu le droit des courtiers aux ventes publiques après faillite indiquées dans l'article 493 du Code de Commerce, à celles qui peuvent être faites dans tous les cas, et a déterminé les espèces de marchandises qui en font partie.

Le premier de ces décrets porte que les ventes publiques des marchandises à la Bourse et aux enchères en cas de faillite, par les courtiers, peuvent être faites par eux dans tous les cas, avec l'autorisation du tribunal de commerce, donnée sur requête.

Conformément au second décret rapporté ci-dessus, les marchandises dont l'état s'y trouve

____

(1) Code de Commerce, art. 492.

annexé, sont celles qui peuvent être vendues aux enchères par le ministère des courtiers de commerce à la Bourse de Paris ; dans les autres villes les tribunaux et les autres chambres de commerce sont autorisés à désigner les marchandises dont il pourra être nécessaire, dans certains cas, de permettre la vente à la Bourse et aux enchères.

Toutes les fois qu'il s'agira de procéder à de telles ventes, et avant que les tribunaux de commerce puissent accorder leur autorisation, sauf les cas de faillite, les courtiers doivent déposer au tribunal de commerce une déclaration sur papier timbré de l'objet de la vente, du fabricant ou commerçant qui l'aura demandée, et des motifs de la vente ; les tribunaux de commerce restent juges de la validité de la demande et de ses motifs.

Les lots mis aux enchères, et dont il sera placé des échantillons sur le bureau, ne peuvent être, d'après une évaluation approximative, et selon le cours moyen des marchandises, au-dessous de 2000 fr. pour la place de Paris, et de 1000 fr. pour les autres places de commerce. Les tribunaux de commerce peuvent les fixer à

un terme plus élevé, mais en général ces lots
ne peuvent excéder 5ooo fr. Les adjudications
sont faites par le courtier chargé de la vente,
dont il dresse procès-verbal qu'il dépose au
greffe du tribunal de commerce.

S'il s'élevait des difficultés dans l'adjudica-
tion, la déclaration du courtier vaudra ce qu'elle
vaudrait dans les achats et ventes de gré à gré.
Faute par l'adjudicataire de prendre livraison
dans le délai fixé, les marchandises seront re-
vendues à sa folle-enchère, trois jours après
que la sommation lui en aura été faite. Le droit
de courtage pour ces ventes est fixé par les tribunaux de commerce, mais dans aucun cas il
ne peut excéder le droit établi dans les ventes
de gré à gré pour les mêmes marchandises.

*Tableau des marchandises que les courtiers de
commerce sont autorisés à vendre aux enchères à la Bourse de Paris, en conformité du
décret du 17 avril 1812.*

Alzari, alun, amandes, amidon, anis vert,
argent-vif, bois de teinture, bois d'acajou, bois
d'ébène, borax raffiné, brai, cacao, café, cam-
phre, cannelle, caret, céruse, chanvre, cire,

coton en laine, cochenille, colle, couperose, crême de tartre, cuirs en poil, dents d'éléphant, eau-de-vie, étain, essence de térébenthine, fanons de baleine, fer-blanc, galles, garance, girofle, gommes, huiles, indigo, jalap, ipécacuanha, litharge, laines, manne, mélasse, miel, minium, morue, muscades, nankins, opium, piment, plomb, poivre, potasse, prunes d'Antes en caisse, quercitron, quinquina, réglisse, rhubarbe, riz, rocou, safran, soude, soufre en canne et en masse, soies de porc, sumac, sucre, sucre de réglisse, suif, thé, vanille, verdets, vins, zincs. (1)

Quelques changemens ont été opérés dans les ventes à l'enchère par le ministère des courtiers, en vertu d'une ordonnance du Roi du 9 avril 1819.

---

(1) L'article 74 de la loi du 15 mai 1818 porte que le droit d'enregistrement des ventes d'objets mobiliers, fixé à 2 pour 100 par l'article 69 de la loi du 22 frimaire an VII, est réduit à 50 centimes pour 100 francs pour les ventes publiques de marchandises, qui, conformément au décret du 17 avril 1812, seront faites à la Bourse et aux enchères par le ministère des courtiers de commerce, d'après l'autorisation du tribunal de commerce.

Quoique, par les réglemens précédens, ces ventes ne dussent avoir lieu qu'à la Bourse, cette ordonnance en admet la faculté au domicile du vendeur; l'art. 1er porte: « Les ventes publiques de marchandises à l'enchère faites par le ministère des courtiers, peuvent avoir lieu au domicile du vendeur ou en tout autre lieu convenable, dans les lieux où il n'y a pas de local affecté à la Bourse; il sera prononcé sur cette faculté par les tribunaux de commerce.

Art. 2. « Dans les villes où la Bourse est ouverte et fréquentée, les tribunaux de commerce pourront aussi permettre la vente à domicile ou ailleurs, mais seulement dans le cas où ils estimeront que la nature des marchandises ne permet pas qu'elle soit exposée en vente à la Bourse, ou qu'elle y soit vendue par échantillons. »

Dans tous les cas, l'ordonnance du tribunal fixera le lieu et l'heure des ventes, de manière que la réunion des courtiers et le concours des acheteurs puissent leur conserver le même degré de publicité.

Il ne pourra être mis aux enchères, dans ces ventes, que les marchandises spécifiées dans l'ordonnance du tribunal, et qui ne pourront être autres que celles comprises dans le tableau annexé au décret du 17 avril 1812.

Cette même ordonnance du 19 avril 1819, porte encore que les tribunaux de commerce peuvent déroger à la fixation du *minimum* et du *maximum* de la valeur des lots mis en vente, « sous la réserve néanmoins qu'ils ne pourront autoriser la vente des articles, pièce à pièce, ou en lots, à la portée immédiate des acheteurs, consommateurs, mais seulement en nombre et qualité suffisans d'après les usages, pour ne pas contrarier les opérations du commerce de détail. »

CHAPITRE III.

COURTIERS D'ASSURANCES MARITIMES. (1)

Les courtiers d'assurances maritimes ont reçu plusieurs réglemens qui leur accordent des droits, et leur imposent des obligations.

______

(1) Voyez les chapitres *Des Assurances maritimes et Contrats à la grosse*, dans le *Manuel du Négociant*.

Leur nombre fut d'abord fixé à cinq près la Bourse de Paris, par une ordonnance du Roi, en date du 18 décembre 1816; mais postérieurement il fut porté à huit par ordonnance du 17 juin 1818; mais cette dernière n'a rien innové dans les droits et attributions de ces courtiers.

Par l'article 1er de l'ordonnance de 1816, ils sont réunis aux courtiers de commerce, et ne forment avec eux qu'une seule et même compagnie. Leur cautionnement est fixé à 15,000 fr.; et ils ne peuvent entrer en fonctions qu'après en avoir fourni le montant en entier. Leur droit de courtage a été réglé par la délibération du tribunal de commerce du 26 messidor an IX (15 juillet 1811), avec celui des agens de change et courtiers de commerce que nous avons rapporté plus haut.

Diverses ordonnances ont établi des courtiers d'assurances maritimes dans plusieurs places de commerce; mais comme les droits et attributions qui les concernent se rapportent, pour l'essentiel, à ceux dont jouissent les courtiers de Paris, nous ne nous y arrêterons pas.

. CHAPITRE V.

COURTIERS INTERPRÈTES ET CONDUCTEURS DE NAVIRES.

En statuant sur les courtiers de la place de Marseille, le gouvernement a déterminé en même temps ce qui concerne les fonctions des courtiers interprètes et conducteurs de navires qui y sont établis.

Un décret relatif à cet objet porte que sur le nombre de cinquante-quatre auquel est fixé celui des courtiers attachés au service de la Bourse de Marseille, il sera nommé huit courtiers qui joindront à la faculté d'exercer les différens courtages des courtiers de commerce, les fonctions spéciales de *courtiers interprètes* et conducteurs de navires; ceux qui devront en cumuler les fonctions sont tenus de justifier de leur aptitude à remplir ces fonctions, par la déclaration affirmative de quatre négocians faisant ou ayant fait le commerce avec l'étranger, et désignés par le tribunal de commerce.

Le même décret veut que ceux des courtiers qui se présenteront pour cumuler les fonctions de courtiers interprètes et conducteurs de navires à Marseille, subissent l'épreuve d'un jury nommé par le préfet des Bouches-du-Rhône ; ce jury dressera une liste double du nombre des places à remplir ; elle sera envoyée au ministre du commerce, et sur son rapport il est nommé à la place vacante : le jury doit choisir, parmi ceux qui se présentent, les courtiers qui ayant d'ailleurs toutes les qualités requises, sont en état d'interpréter les langues étrangères qui sont le plus nécessaires au commerce de Marseille.

CHAPITRE VI.

DISPOSITIONS PÉNALES RELATIVES AUX AGENS DE CHANGE ET COURTIERS.

Le Code Pénal, articles 404, 421, 422, porte les dispositions suivantes relatives aux agens de change et courtiers qui auront failli.

« Les agens de change et courtiers qui auront fait faillite seront punis de la peine des travaux forcés à terme ; s'ils sont convaincus de banqueroute frauduleuse, la peine sera celle des travaux forcés à perpétuité.

« Les paris qui auraient été faits sur la hausse ou la baisse des effets publics seront punis par l'article 419 du Code Pénal.

« Seront réputés paris de ce genre toute convention de vendre et de livrer des effets publics qui ne seront pas prouvés par le vendeur avoir existé à sa disposition au terme de la convention, ou avoir dû s'y trouver au terme de la livraison. »

Les agens de change pourront faire à la Bourse, en concurrence avec les courtiers de commerce, les négociations et ventes ou achats de monnaie d'or ou d'argent et matières métalliques. (Arrêté du 27 prairial an x.)

Le même arrêté défend, sous les peines portées contre ceux qui s'immiscent dans les négociations de bourse sans être agens de change ou courtiers, à tout banquier, négociant ou marchand, de confier ses négociations, ventes ou achats, et de payer des droits de commission ou de courtage à d'autres qu'aux agens de change et courtiers. Les syndics des agens de change et courtiers, le préfet de police à Paris, les maires des autres places de commerce, sont chargés de veiller à l'exécution de cette défense, et de dénoncer les contrevenans aux tribunaux.

Conformément à l'article 7 de la loi du 28 ventose an IX, toutes négociations faites par des intermédiaires sans qualité sont déclarées nulles.

Les compagnies de banque ou de commerce sont comprises dans la même disposition.

Conformément à la loi du 14 avril 1806, les marchands, les courtiers, facteurs et commissionnaires de boissons, les distillateurs et bouilleurs, sont assujettis aux exercices des employés des contributions indirectes ou droits réunis, à raison des boissons qu'ils ont en leur possession.

Et suivant une loi du 5 mai de la même année, ces mêmes marchands, courtiers, etc., sont tenus de déclarer au plus prochain bureau de la régie, la qualité et quantité des boissons qu'ils possèdent, tant dans le lieu de leur domicile qu'ailleurs.

Il est défendu aux courtiers, facteurs, dépositaires et commissionnaires de faire le commerce en gros de boissons, et tous ceux qui ont pris l'une de ces qualités seront tenus de justifier, par la représentation des passavans, qu'ils ont reçu par commission des propriétaires les boissons qu'ils auront en leur possession; à défaut de cette justification pour tout ou partie desdites boissons, toutes celles qui se trouveront dans leurs magasins seront assujetties au droit de 20 cent. et à l'amende de cent francs.

Une ordonnance du Roi (1er mars 1820) règle les conditions relatives au cautionnement des agens de change et courtiers, et prononce la destitution de ceux qui n'en auraient pas fait le versement au trésor, conformément à l'article 95 de la loi des finances du 28 avril 1816.

QUATRIÈME PARTIE.

BOURSES DE COMMERCE ; LEUR ORGANISATION, POLICE ET RÉGLEMENS.

CHAPITRE PREMIER.

DES BOURSES DE COMMERCE.

Les articles 71, 72, 73 du Code de Commerce donnent une sanction légale aux Bourses de commerce et aux opérations qui s'y font.

« La Bourse de commerce, y est-il dit, est la réunion qui a lieu, sous l'autorité du gouvernement, des commerçans, capitaines de navires, agens de change et courtiers.

« Le résultat des négociations et des transactions qui s'opèrent dans la Bourse, détermine les *cours* du change, des marchandises, des assurances du fret ou nolis, du prix des transports par terre et par eau, des effets publics et autres dont le cours est susceptible d'être coté.

« Ces divers cours sont constatés par les agens

de change et courtiers, dans la forme prescrite par les réglemens généraux ou particuliers. »

L'organisation et la police des Bourses de commerce ont été l'objet de nombreux réglemens, qu'il est bon que les négocians qui les fréquentent connaissent. Le gouvernement, en les traçant, y a en même temps compris plusieurs dispositions relatives aux droits et obligations des agens de change et des courtiers pour l'exercice de leurs fonctions dans ces réunions.

Il paraît que les abus qui se commettaient à la Bourse de Paris en avaient motivé la fermeture, par décret de la Convention nationale du 27 juin 1793; mais par un décret postérieur, du 6 floréal an III, l'ouverture en fut ordonnée, et en même temps on déclara que le numéraire était marchandise; puis ensuite que la vente des métaux d'or et d'argent ne pourrait se faire que dans les Bourses. Un décret de la Convention du 20 vendémiaire an IV (12 octobre 1795) ordonna que le cours du change et celui de l'or et de l'argent, soit monnoyés, soit en barres, serait réglé chaque jour à l'issue de la Bourse; on décida que tout agent de change qui publierait un autre cours que celui de la Bourse, serait sur-le-champ destitué et puni de trois mois de détention.

La loi la plus importante sur la police de la Bourse est celle du 28 vendémiaire an IV. On y trace les règles qui ont été conservées ou renouvelées sur les opérations qui s'y font. Le considérant de cette loi déclare « agioteur criminel celui qui, par choix, met son intérêt en compromis avec son devoir, en faisant des opérations d'une nature telle qu'elles ne peuvent rapporter quelques bénéfices qu'au détriment de la chose publique; que tel est le cas de celui qui achète à terme des matières ou espèces métalliques, dans la coupable espérance que, le jour où le marché se réalisera, les espèces auront haussé de valeur, et que la monnaie nationale (1) aura perdu la sienne; que tel est encore le cas de celui qui, sans besoin de com-

____

(1) Par ce mot la loi entend les assignats et les mandats territoriaux qui ont remplacé long-temps le numéraire, et qui, d'un jour à l'autre, diminuaient de valeur, relativement au numéraire, à cause de l'énorme quantité de cette monnaie de papier que les besoins publics avaient forcé de mettre en émission.

merce, achète, accapare des lettres de change sur l'étranger, dans l'espoir de les revendre avec bénéfice, lorsque l'assignat sera déprécié; que celui qui vend à terme sans avoir des intentions aussi blâmables, s'expose, par son imprudence, à produire les mêmes effets, savoir, l'avilissement de l'assignat, le renchérissement de toutes les marchandises et de tous les objets de première nécessité. »

L'article 9 de cette loi porte donc : « La vente et l'achat des matières d'or et d'argent auront lieu à la Bourse; les ventes et achats se feront à haute voix.

« Les agens de change préposés pour cette vente nommeront chacun un écrivain crieur. Lorsque l'un d'entre eux aura conclu un marché de matières ou espèces métalliques, il fera annoncer à haute voix la somme vendue et le prix de la vente, par l'écrivain crieur, qui tiendra registre du nom du vendeur, de celui de l'acheteur, du prix de la vente, et de la qualité des objets vendus.

« L'agent de change sera tenu en outre de remettre un bulletin signé de lui au vendeur et à l'acheteur, au moment même où il aura conclu une vente, lequel bulletin contiendra les mêmes désignations ci-dessus spécifiées, et il sera admis en justice comme pièce au procès, dans les discussions qui pourraient intervenir.

« Le prix des espèces et matières d'or et d'argent sera affiché sur-le-champ à la Bourse, et imprimé sans aucun changement dans les journaux. Aucun agent de change ne pourra prêter son ministère pour quelque vente ou achat de matières et espèces métalliques, dans l'intervalle d'une bourse à l'autre, à des prix supérieurs à ceux qui auront été fixés à la Bourse.

« Aucune déclaration, sur quelque vente ou achat d'espèces ou matières métalliques, ne sera reçue en justice que celle des agens de change choisis pour en opérer la vente, et aucune négociation ne sera reconnue valable que celle qui aura lieu par leur ministère. »

Les agens de change ne pourront faire aucun achat ni aucune vente pour leur compte ; cette loi prononce une peine très rigoureuse pour la contravention à cette disposition contre l'agent de change : les marchés sont annulés, les produits confisqués, et l'agent de change condamné à cinq années de fers. Cette rigueur tenait à l'état des choses au moment où la loi fut portée; il régnait dans le commerce un dévergondage et une foule d'abus qui aigrissaient l'autorité, et l'entraînaient à des mesures que leur excès rendait impraticables.

Les articles suivans défendent avec la même rigueur les marchés à terme ou à prime des lettres de change sur l'étranger.

La loi veut qu'il ne puisse être négocié à la Bourse aucun papier qu'entre négocians patentés et ayant en France maison de commerce et domicile fixe; il est défendu à tout agent de change, sous peine de destitution, de faire aucune opération de banque avec toute personne qui ne réunit pas ces conditions.

Tout agent de change est tenu, au moment même où il aura arrêté la négociation de lettres de change, billets à ordre, ou autres effets de commerce, de donner sur-le-champ au vendeur et au preneur une double note signée de lui, dans laquelle il spécifiera le nom de la personne de qui il a pris le papier, le nom de celle pour qui il l'a engagé, le prix auquel il a été vendu, et la quotité de la somme négociée; cette note sera admise en justice comme pièce au procès, en cas de poursuite.

Le titre 2 de la loi du 28 ventose, et celle du 29 germinal an ix, ont réglé ainsi qu'il suit les fonctions et la discipline des agens de change et courtiers de commerce, dans l'exercice de leurs fonctions à la Bourse.

Établissement et discipline des Agens de change et Courtiers, dans les Bourses de commerce.

Dans toutes les villes où il y a une Bourse, il y a des agens de change et des courtiers nommés par le gouvernement.

Les agens de change et courtiers, ainsi nommés, ont seuls le droit d'en exercer la profession, de constater le cours du change, celui des effets publics, marchandises, matières d'or et d'argent, et de justifier devant les tribunaux et arbitres la vérité et le taux des négociations, ventes et achats.

Il est défendu, sous peine d'une aménde qui sera au plus du sixième du cautionnement des agens de change ou courtiers de la place, et au moins du douzième, à tous individus autres que ceux nommés par le gouvernement d'exercer les fonctions d'agens de change ou de courtiers. L'amende sera prononcée correctionnellement par le tribunal de première instance, payable par corps, et applicable aux enfans abandonnés.

CHAPITRE II.

DE LA POLICE QUI S'EXERCE A LA BOURSE SUR LES AGENS DE CHANGE ET COURTIERS.

Tel est le titre v de l'arrêté du 9 germinal an IX, cité plus haut; il porte que la police de la Bourse appartiendra, à Paris, au préfet de police; à Marseille, Lyon et Bordeaux, aux commissaires généraux de police, et, dans les autres villes, aux maires; que ces magistrats désigneront un des commissaires de police ou des adjoints pour exercer la surveillance à la Bourse pendant sa tenue.

Les agens de change de chaque place doivent se réunir et nommer, à la majorité absolue, un syndic et six adjoints pour exercer une police intérieure, rechercher les contraventions aux lois et réglemens, et les faire connaître à l'autorité publique.

S'il arrive une contestation entre les agens de change, relativement à l'exercice de leurs fonctions, elle sera portée d'abord devant le syndic et les adjoints, qui sont autorisés à donner leur avis. Si les intéressés ne veulent pas s'y conformer, l'avis sera renvoyé au tribunal de commerce, qui prononcera s'il s'agit d'intérêts civils, et au commissaire du gouvernement (procureur du Roi) près le tribunal de première instance, s'il s'agit d'un fait de police et de contravention aux lois et réglemens, pour qu'il exerce les poursuites sans délai.

Le préfet de police à Paris, le commissaire général de police à Marseille, Lyon et Bordeaux, et les maires dans les autres places de commerce, pourront proposer la suspension des agens de change qui ne se conformeraient pas aux lois et réglemens. Le préfet de police en rendra compte au ministre, les commissaires généraux de police aux préfets, les maires aux sous-préfets, qui en rendront compte au préfet. Sur le compte qui lui en sera rendu, le ministre pourra proposer au Roi de prononcer la destitution de l'agent de change inculpé, après toutefois que le ministre aura demandé l'avis des syndic et adjoints, devant lesquels le prévenu sera entendu.

Les dispositions ci-dessus relatives à la nomination d'un syndic et adjoints, aux contestations qui peuvent survenir entre les intéressés, et à la destitution en cas de contravention aux lois, sont communes et applicables aux courtiers de commerce.

La Bourse de commerce de Paris a été établie et réglée définitivement par un arrêté du gouvernement du 3 messidor an ix (22 juin 1801); le nombre des agens de change y est fixé et ne peut dépasser quatre-vingts, et celui des courtiers de commerce soixante ; en conformité de cet arrêté le tribunal de commerce a, par une délibération du 26 messidor an ix, fixé le tarif des droits de commission et de courtage des agens de change, et courtiers à la Bourse de Paris, tel que nous l'avons indiqué. (Voyez le chapitre *Des Agens de change.*)

Nous avons fait connaître, en traitant des agens de change, les dispositions qui les concernent spécialement ; nous n'avons donc à nous occuper ici, en parlant des bourses de com-

merce, que de ce qui regarde celles-ci particulièrement, ou la police qui y est observée dans
les négociations qui s'y font.

L'arrêté du 27 prairial an x a statué d'une
manière générale sur cet objet.

Il porte défense de s'assembler ailleurs qu'à
la Bourse, et à d'autres heures que celles fixées
par les réglemens de police, pour proposer ou
faire des négociations, à peine de destitution
des agens de change et courtiers qui auraient
contrevenu; et pour les autres individus, sous
les peines portées par les lois contre ceux qui
s'immiscent dans les négociations sans titre légal. Le préfet de police à Paris, et les maires
et officiers de police des autres villes, sont
chargés de prendre les mesures nécessaires
pour l'exécution de cet article.

Il est défendu, sous plusieurs peines, à toutes personnes autres que celles nommées par
le gouvernement, de s'immiscer en aucune façon dans les fonctions des agens de change et
courtiers de commerce, soit dans l'intérieur,
soit à l'extérieur de la Bourse.

Il est néanmoins permis à tous particuliers
de négocier entre eux, et par eux-mêmes, les

lettres de change, ou billets à leur ordre, ou au porteur, et tous les effets de commerce qu'ils garantissent par leur endossement, et de vendre aussi par eux-mêmes leurs marchandises.

En cas de contravention à l'article qui défend à toutes personnes de s'immiscer dans les fonctions d'agent de change ou de courtier, les syndics ou les adjoints des agens de change et courtiers feront connaître les contrevenans au préfet de police à Paris, et aux maires et officiers de police dans les départemens ; lesquels pourront, après vérification faite des plaintes, interdire l'entrée de la Bourse aux contrevenans. En cas de récidive, ils seront déclarés, par le gouvernement, incapables de parvenir à l'état d'agent de change ou de courtier, sans préjudice de la traduction devant les tribunaux.

Le même arrêté a fait cesser la défense qui existait précédemment, relativement à l'entrée de la Bourse. En vertu de l'article 1er de cet arrêté, les bourses de commerce sont ouvertes à tous citoyens, même aux étrangers.

Dispositions particulières pour la Bourse de Paris.

L'arrêté du 27 prairial an x (16 juin 1802) porte qu'il sera établi à la Bourse de Paris un lieu séparé et placé à la vue du public, dans lequel les agens de change se réuniront pour la négociation des effets publics et particuliers, en exécution des ordres qu'ils auront reçus avant la bourse, ou qu'ils pourront recevoir pendant sa durée. L'entrée de ce lieu séparé sera interdit à tout autre qu'aux agens de change. Il sera établi également un lieu convenable pour les courtiers de commerce. Les agens de change, étant sur le parquet, pourront prononcer à haute voix la vente ou l'achat d'effets publics ou particuliers, et lorsque deux d'entre eux auront consommé une négociation, ils en donneront le cours à un crieur, qui l'annoncera sur-le-champ au public. Ne sera annoncé à haute voix que le cours des effets publics. Quant aux effets de commerce, lettres de change ou billets, leur négociation exigeant l'exhibition et l'examen, elle ne pourra être faite à haute voix, et les cours auxquels elle aura donné lieu seront recueillis après la bourse par les syndics et adjoints, et cotés sur le bulletin des cours.

Les syndics et adjoints des courtiers de commerce se réuniront également pour recueillir le cours des marchandises, et le coter, article par article, sur le bulletin.

Chaque agent de change est autorisé à faire choix d'un commis principal, qu'il présentera aux agens de change assemblés spécialement, lesquels, au scrutin et à la majorité, l'agréeront; la liste des commis ainsi agréés doit être remise au préfet de police.

Ces commis ne peuvent faire aucune négociation pour leur compte, ni signer aucun bulletin ou bordereau; ils opéreront pour, au nom, et sur la signature de l'agent de change. En cas d'absence ou de maladie, ils transmettront chaque jour les ordres qu'ils auront reçus pour leur agent, à celui de ses collègues fondé de sa procuration. Ils sont dans la dépendance, et révocables à la volonté tant de leur agent que de la compagnie.

Par l'ordonnance de police du 2 octobre 1809, il est prescrit « que la Bourse tiendra depuis

deux heures jusqu'à trois heures pour les négociations des effets publics; depuis deux heures jusqu'à quatre heures pour les effets com-
merciaux; qu'il ne pourra être fait à la Bourse
aucune négociation des effets publics, ni aucune opération commerciale après les heures
qui viennent d'être fixées; que l'ouverture et la
fermeture de la Bourse seront annoncées par
le son d'une cloche; que la cloche sera sonnée
à trois heures, pour annoncer la clôture des
effets publics; que la Bourse sera évacuée à quatre heures précises; le tout en vertu des art. 2
et 25 de l'arrêté du gouvernement du 12 messidor an VIII, de l'article 14 de celui du 29 germinal an IX, et du décret du 3 janvier 1809.

CHAPITRE III.

DROITS DE COURTAGE.

Un arrêté du gouvernement du 3 messidor
an IX (22 juin 1801) avait décidé que le tarif
des droits de courtage des agens de change et
courtiers de commerce de la place de Paris
serait dressé par le tribunal de commerce de

Paris, et soumis à l'approbation du ministre des finances, pour être affiché au tribunal de commerce et à la Bourse.

En conséquence, le tribunal de commerce, par décision du 26 messidor an IX (16 juillet 1801), a décidé qu'en se conformant à l'usage local, la commission des agens de change doit leur être payée ainsi qu'il suit:

Pour la négociation du papier, tant sur l'étranger que sur les places des départemens, à raison de $\frac{1}{8}$ de franc par cent francs, payable par le vendeur, et autant par l'acquéreur;

Pour celle du papier sur Paris, la même commission du huitième de franc par cent francs payable seulement par le vendeur;

Et pour celle des effets publics, à raison du quart d'un franc du net produit de la négociation, payable par le vendeur, et autant par l'acquéreur.

A l'égard du courtage des courtiers de commerce pour la vente de toute espèce de marchandise, le tribunal, considérant les démarches multipliées qu'ils sont obligés de faire en différentes maisons pour parvenir à la vente définitive d'une partie de leurs marchandises, est d'avis que le courtage doit leur être payé par le vendeur, à raison de la moitié d'un franc pour cent francs du montant de la vente, et autant par l'acquéreur.

Cette décision du tribunal a été ratifiée par les ministres des finances et de l'intérieur.

CHAPITRE IV.

COURTIERS D'ASSURANCES MARITIMES, CRÉÉS PRÈS LA BOURSE DE PARIS.

Une ordonnance du Roi du 17 juin 1818 a porté le nombre des courtiers d'assurances maritimes, près la Bourse de Paris, à huit; mais rien n'a été changé à leur égard aux dispositions de celle du 18 décembre 1816, que nous allons faire connaître.

Cette dernière ordonnance, qui n'avait créé que cinq courtiers d'assurances maritimes, les réunit aux courtiers de commerce, pour ne faire avec eux qu'une seule et même compagnie. Leur cautionnement est fixé à 15,000 fr.

L'arrêté du gouvernement du 2 prairial an XI (22 mai 1803), sur les armemens en cour-

ses et les prises maritimes, porte « que les ar-
mateurs seront tenus d'envoyer des états ou
inventaires détaillés des effets qui composent
les prises, avec indication du jour de leur
vente, qui aura été fixé par l'officier supérieur
de l'administration de la marine, dans les principales places de commerce, pour y être affichés à la Bourse ; et il en sera délivré, sur les
ordres du préfet de police à Paris, et des préfets de départemens, ou leurs préposés, dans
les places où il y a des Bourses de commerce,
un certificat, dont il sera fait mention dans le
procès-verbal de vente (art. 82 de l'arrêté).

CINQUIÈME PARTIE.

BOURSE DE PARIS; EXPOSÉ DES OPÉRATIONS QUI S'Y FONT DANS LES NÉGOCIATIONS D'EFFETS PUBLICS, ET LES AFFAIRES DE COMMERCE.

CHAPITRE PREMIER.

DES NÉGOCIATIONS DE RENTES ET EFFETS PUBLICS A LA BOURSE DE PARIS.

La Bourse de Paris est la seule où se négocient les effets publics. Les agens de change étant, ainsi qu'on l'a dit, spécialement chargés par la loi de la négociation des rentes et autres effets publics, en font une vente criée chaque jour au plus offrant et dernier enchérisseur. Cette vente se fait au comptant. Pendant sa durée un crieur annonce chaque vente faite; ces divers prix forment le cours des ventes col et publié dans les journaux.

Mais indépendamment de ces ventes au

comptant de deux à trois heures, il s'en fait encore *à terme* jusqu'à quatre heures. Ces divers marchés ont lieu aussi pour d'autres effets publics, comme les *quittances de liquidation,* les actions de la banque, et autres susceptibles de hausse et de baisse.

Le service de la Bourse de Paris se fait par la compagnie des soixante agens de change, qui fournissent chacun un cautionnement de 125,000 francs ; par cinquante courtiers de commerce à 13,000 francs de cautionnement, et huit courtiers d'assurances à 15,000 francs. (*Ordonnance du Roi du* 21 *janvier* 1826.)

CHAPITRE II.

EXPLICATION DES TERMES EMPLOYÉS A LA BOURSE DE PARIS DANS LES OPÉRATIONS SUR LES FONDS PUBLICS.

Certificat d'emprunt. Ce sont les titres délivrés aux personnes qui ont acheté des rentes, 5 pour 100 consolidés, du gouvernement, et qui ne sont payées qu'à des échéances déterminées. Lors du paiement complet, le certificat est échangé contre une inscription sur le grand-livre. Le certificat d'emprunt se négocie sur la place.

Coupon, est la portion d'intérêt que le gouvernement fait payer chaque semestre au porteur d'une inscription sur le grand-livre de la dette publique. Le *coupon* se détache tous les six mois, les 5 mars et 3 septembre de chaque année, et diminue le prix de la rente de 2 fr. 50 centimes.

Courtage, est le salaire dû à l'agent de change, pour le récompenser des peines qu'il prend dans les négociations dont il est chargé.

Différence, est la somme qui se trouve exister entre un ou plusieurs cours des effets publics. On ne spécule, en général, que sur les *différences* dans les marchés à terme.

Dont un, *dont* 30ˢ·, *dont* 2 *fr.*, etc. Ce sont les expressions qui s'ajoutent au prix du cours des effets par marchés libres. Elles déterminent la somme de la prime que l'on demande. Ainsi on dit : la rente vaut, par marché libre, 86 fr. *dont un* ; cela signifie, vaut 86 fr. dont un fr., ou 1 pour 100 de prime qui doit se payer de suite.

Emprunt. On nomme ainsi la vente faite par le gouvernement, d'une partie plus ou moins considérable de rentes, soit à une compagnie, soit directement aux particuliers.

Engagemens. Ce sont les actes, sous signatures privées, employés pour les spéculations sur les fonds publics, qui lient les parties contractantes et déterminent le mode de leurs opérations, et l'époque de leur terme.

Escompte. L'*escompte* est la faculté réservée à l'acquéreur de rentes, par marché ferme ou libre, de se les faire livrer avant le terme convenu, moyennant une somme déterminée, cinq jours après en avoir prévenu le vendeur.

Jouissance, grande jouissance, petite jouissance. On appelle *jouissance*, en termes de bourse, les arrérages d'une inscription de rentes. Ces arrérages se paient tous les six mois. On nomme *grande jouissance* le semestre le plus près de son échéance. Le second semestre se nomme *petite jouissance.*

Liquidation. C'est l'époque du terme des marchés fermes et où ils se liquident. La *liquidation* se fait depuis le dernier jour du mois jusqu'au 5 du suivant.

Marchés à terme ou fermes. Ce sont les marchés qui se font pour un terme fixé, et qui se réalisent à une époque déterminée. Cette époque est ordinairement la fin du mois dans lequel on a contracté. On les appelle *fermes* par opposition aux marchés libres.

Marchés libres ou à prime. Ce sont les marchés qui ne lient que le vendeur, et qui laissent l'acquéreur libre de consolider l'opération ou de l'anéantir à sa volonté, moyennant une prime ou des arrhes qu'il paie d'avance.

Offre et demande, sont deux expressions dont on se sert pour connaître le cours des fonds. L'*offre* est le prix auquel on désire vendre, et la *demande* celui auquel on veut acheter. Ainsi le taux moyen entre l'*offre* et la *demande* fixe ordinairement le cours.

Prime, signifie les arrhes qui se donnent dans les marchés libres.

Rente au comptant. On nomme ainsi les rentes qui se vendent et s'achètent au comptant à la criée, depuis deux heures jusqu'à trois, et dont les divers cours sont cotés chaque jour dans les journaux.

Report, est l'acte qui reporte un marché

ferme pour la fin d'un mois, à la fin du suivant. C'est le moyen employé pour prolonger une opération. On nomme aussi *report* la différence qui existe entre le cours du comptant et celui de la fin du mois.

Transfert, est l'acte qui transporte une inscription sur le grand-livre d'un individu à un autre. Il se fait au trésor public, et doit être signé par le vendeur, l'agent de change et le directeur du grand-livre de la dette publique.

CHAPITRE III.

DES MARCHÉS AU COMPTANT ET A TERME DES RENTES A LA BOURSE DE PARIS.

Les marchés au comptant des rentes sont fort simples ; les achats se font par l'intermédiaire d'un agent de change. L'acheteur lui remet les fonds qu'il veut employer en effets publics, il lui indique le cours auquel il désire se rendre acquéreur. Les ventes sont faites par le même intermédiaire. Le rentier vendeur doit remettre son inscription à l'agent de change, pour qu'il en opère le transfert, et il lui désigne le prix auquel il veut vendre. Ce prix est acquitté aussitôt que l'acte de transfert est signé par le vendeur et l'agent de change.

On peut spéculer à la hausse et à la baisse des rentes au comptant. Cette négociation n'est ni longue ni difficile.

Lorsque le gouvernement paraît stable, que les rentes sont régulièrement payées, que le crédit public est bien établi, on est porté à croire que la hausse des effets publics résultera de cet état de prospérité. Dans cette disposition d'esprit le spéculateur *à la hausse* fait acheter par un agent de change la somme de rente que ses capitaux lui permettent de payer comptant. Possesseur de son inscription il attend que la hausse se fasse, et quand elle est arrivée au degré qu'il désirait, il fait vendre pour réaliser ses bénéfices.

Les spéculations à la baisse au comptant ne sont pas plus difficiles. Celui qui possède des rentes, s'il voit le gouvernement incertain, le crédit public compromis, de l'embarras dans la perception des revenus de l'État, une guerre imminente, aura lieu de croire et de craindre que les effets publics ne baissent de valeur, et que les rentes qu'il possède ne perdent sur la place. Il se hâte donc de vendre, sauf à racheter lorsque la baisse aura atteint un terme plus bas que celui où il se trouve. Par exemple, les fonds publics étant restés à 72 fr., si à ce cours le spéculateur à la baisse fait vendre une inscription de 500 livres de rente moyennant 7,300 fr., il attendra que le cours soit tombé plus bas, tel que 62 francs; alors il fait racheter, et son inscription ne lui coûte plus que 6,200 fr.; il a ainsi la même quantité de rente pour une valeur de 1000 fr. de moins, ce qui lui laisse en caisse un bénéfice de 1000 fr.

Les marchés au comptant ne sont pas les seuls qui se font à la Bourse, il s'en fait encore qu'on appelle *fermes* ou *à terme*.

On entend par marché *ferme* ou *à terme*, à la Bourse de Paris, un achat ou une vente de rente dont le paiement ou la livraison ne doit avoir lieu qu'à une époque déterminée; cette époque est ordinairement la fin du mois dans lequel se passe le marché, ou la fin du mois suivant.

Les portions de rente sur lesquelles on spécule avec les marchés à terme et par l'intermédiaire des agens de change, se divisent en multiples de 2,500 fr. et pas au-dessous. Ainsi on peut spéculer sur 2,500 fr., 5,000 fr., 7,500 fr., 10,000 fr. de rente, etc., etc., et nullement sur des sommes intermédiaires.

Les *marchés fermes* ou *à terme* sont presque les seuls employés à la Bourse, parce qu'ils offrent aux spéculateurs les moyens de multiplier leurs opérations sans emploi de grands capitaux; ils s'établissent sur la différence du cours des ventes; les sommes représentant la valeur de l'inscription vendue ou achetée ne sont que fictives.

Les spéculations de marchés *fermes* ou *à terme* de rente peuvent l'être à la hausse ou à la baisse, comme les marchés au comptant, à l'exception qu'un terme ou délai est accordé à l'acquéreur pour le paiement. C'est au moyen de ce terme que le spéculateur à la hausse fait son opération; il n'a pas besoin du capital de la rente qu'il achète, il suffit qu'il ait une somme nécessaire pour payer la différence qui pourra se trouver entre le cours du moment où il achète et celui où il vendra, en cas de baisse. Cependant comme l'acquéreur n'est forcé de payer ou revendre les rentes par lui acquises qu'au terme fixé, si dans l'intervalle le cours des rentes s'élève, il peut vendre puisqu'il trouve un bénéfice ; on lui donne la différence du prix de cette vente à celui de son achat. Si le cours baisse, et qu'il soit forcé de vendre au-dessous du prix de son achat, alors il devra la différence qui se trouvera entre le prix de son acquisition et celui de cette vente : on voit que dans le premier cas le spéculateur gagnera, et dans le second qu'il perdra la différence du cours des rentes.

Les engagemens dans les marchés à terme se font doubles et sous seing privé ; l'agent de change donne sa signature, et le client lui donne la sienne en échange. Voici comment ces engagemens sont ordinairement conçus.

Modèle de l'engagement du client.

« Paris, 15 août 1821.

« Acheté par M. Dumont, agent de change,
« par mon ordre et pour mon compte, 5,000 fr.
« de rentes 5 pour 100 consolidés, jouissance
« du 22 mars 1821, livrables fin d'août fixe,

« ou plus tôt, à volonté, contre le paiement de la
« somme de 66,500 fr. »

Fait double.

RICHARD.

Modèle de l'engagement de l'agent de change.

« Paris, 15 août 1821.

« Acheté de M. Baudot, agent de change,
« d'ordre et pour compte de M. Richard, 5,000 fr.
« de rentes 5 pour 100 consolidés, jouissance
« du 22 mars 1821, livrables fin d'août, ou
« plus tôt, à volonté, contre le paiement de
« 66,500 fr. »

Fait double.

DUMONT, *agent de change.*

Il faut remarquer par rapport à la clause,
ou plus tôt, à volonté, insérée dans les modèles
ci-dessus, que les marchés de rentes à livrer
étant censés prohibés, on doit, quoique l'opération soit faite à terme fixe, réserver dans l'a-
chat un moyen d'avancer ce terme et de conclure de suite. Pour obtenir ce moyen, on
ajoute les mots *ou plus tôt, à volonté,* après celui
de *fixe,* de sorte que, dans les marchés à terme,

les rentes doivent être livrées au terme fixé, ou à la volonté de l'acquéreur. Il peut, en vertu de cette clause, forcer le vendeur à lui livrer les rentes par lui acquises, cinq jours après l'en avoir prévenu; le terme étant toujours présumé stipulé en faveur du débiteur, d'après l'article 1187 du Code Civil, l'acquéreur conserve la faculté de payer avant son échéance s'il a les fonds suffisans. Ainsi dans les *marchés fermes* ou *à terme*, l'acquéreur n'est censé avoir acheté à terme que pour attendre la rentrée de ses fonds; s'ils lui rentrent plus tôt qu'il ne les attendait, il doit lui être loisible de lever sa rente tout de suite, et le vendeur qui est censé porteur de l'inscription, doit toujours être prêt à la livrer.

Ces opérations nommées *escomptes* ont lieu fréquemment, et deviennent un moyen de liquidation dans les opérations sur les rentes. Nous en parlerons après que nous aurons fait connaître les spéculations à la baisse, toujours dans les marchés fermes ou à terme.

Dans ce genre de spéculation on vend des rentes dont on ne possède pas l'inscription, livrables à une époque déterminée. On donne le nom de *ventes à découvert* à celles-ci pour les distinguer de celles où le vendeur est possesseur de l'inscription ; ces dernières rentrent d'ailleurs à peu près dans les opérations au comptant.

Voici la marche d'une *vente à découvert*: lorsqu'un spéculateur croit à la baisse des fonds publics, il fait vendre par un agent de change une somme de rentes livrables à la fin du mois ou à un autre terme. Si le cours des rentes faiblit avant l'échéance de ce terme, il doit les faire racheter pour opérer sa livraison; la différence qui existera entre le cours de sa vente et de son acquisition lui sera due; de même que si, pour livrer, il est forcé d'acheter à un cours plus élevé que celui auquel il a vendu, il devra la différence qui existera entre les deux cours.

Ceci s'éclaircira par un exemple.

On a vendu à terme, *à découvert*, 5,000 fr. de rentes à 64 fr. : le cours baisse à 61 fr. 50 c.; le spéculateur rachète à ce dernier cours, ferme et au même terme, pour faire sa livraison à celui à qui il a vendu; il a donc une différence à son avantage de 2 fr. 50 c. qui donne 2,500 fr. de bénéfice : mais si la rente, au lieu de baisser, vient à monter jusqu'à 66 fr., et que le spéculateur soit forcé d'acheter a ce cours, il aura contre lui une différence de 2 fr., ce qui portera sa perte à 2,000 fr.

Les engagemens pour ce marché se font de la même manière que ceux dont on vient de donner le modèle, à l'exception qu'il faut substituer le mot *vendu* au mot *acheté*.

Nous ne nous arrêterons pas ici à répéter ce qui a été dit sur cette manière de spéculer sur la baisse des fonds publics, nous disons ce qui se fait et non ce qui doit ou ne doit pas se faire. On connaît d'ailleurs les dispositions du *Code Pénal,* articles 421 et 422, qui interdisent toute convention de vendre ou livrer des effets publics, lorsqu'il ne sera pas prouvé que le vendeur les avait en sa possession au moment de la transaction. Mais par la manière dont l'acte de cette vente ou transaction est fait, on pare aux rigueurs de la loi, en stipulant que la livraison de l'effet vendu est à la volonté de l'acheteur, ce qui suppose que le vendeur l'a effectivement en sa possession.

CHAPITRE IV.

DES MARCHÉS LIBRES OU A PRIME.

On appelle ainsi ces marchés, parce que moyennant une prime donnée, le marché est *solide* ou *nul*, selon le cours des rentes et la *volonté* de celui qui a donné la prime. Il est solide, si le cours des effets publics est au-dessus du prix de l'acquisition; il est nul s'il est au-dessous, et il dépend de la volonté du donneur de prime, parce qu'en faisant l'abandon de cette prime, il a la faculté d'anéantir le marché.

Les marchés à prime sont de véritables contrats d'assurance, parce que l'acquéreur donne une prime pour s'assurer des rentes à un prix déterminé. Le vendeur qui la reçoit a droit à cet avantage pour le mettre à couvert des risques de la variation fréquente des effets publics.

Les marchés libres se font à terme. Ce terme est à peu près le même que celui des marchés fermes. Mais au jour fixé, l'usage est que l'acquéreur déclare à trois heures à la Bourse, immédiatement après la vente au comptant, s'il entend lever les rentes qu'il a achetées à prime ; à défaut de cette déclaration, la prime est acquise au vendeur.

CHAPITRE V.

DES ACHATS A PRIME.

Le prix des ventes à prime est toujours plus élevé que celui des *ventes fermes*, parce que le marché à prime pouvant être annulé par la volonté du preneur, le donneur doit conserver pour lui une chance qui l'indemnise de ses risques. Voici un exemple d'un marché à prime pour faciliter l'intelligence de cette transaction.

On suppose que la rente ferme vaille, à la fin du mois, 62 fr.; on désire en acquérir à prime. Si, en contractant, on est au commencement d'un mois, on paiera la rente 64 francs, *dont un*. On entend par *dont un*, le franc ou 1 pour 100 de prime qui doit se payer d'avance, et qui, dans cette locution, se trouve sous-entendu. Ainsi on pourrait dire : « J'achète des rentes à 64 fr., dont 1 fr. ou 1 pour 100 que je paie d'avance, moyennant lequel franc il m'est loisible de consolider le marché, ou de l'annuler en en faisant l'abandon. Dans le cas où le marché s'exécute, le franc pour cent donné d'avance devient un à-compte sur le prix principal. Ainsi des rentes achetées à 64 fr. *dont un*, ne doivent plus être vendues que 63 f.; dans ce dernier cas, *dont un* se rapporte aux 64 fr., et non à 1 fr. pour 100.

Les engagemens pour les marchés à prime se font à peu près de la même manière que les engagemens pour les marchés fermes. En voici un exemple d'achat.

Marché libre ou à prime.

« Le 31 août, ou plus tôt, à volonté, en me « prévenant vingt-quatre heures d'avance, il me « sera livré par M. Dumérel, agent de change, « 10,000 fr. de rentes 5 pour 100 consolidés, « jouissance du 22 mars 1821, contre le paie- « ment de la somme de 130,000 fr.

« Le porteur sera tenu de l'avertir au plus « tard à la bourse du 31 dudit mois d'août, « s'il entend retirer lesdites rentes, passé la-

« quelle époque le présent marché sera nul et
« sans effet.

THOMARS.

Paris, 3 août 1821.

Modèle de vente.

MARCHÉ LIBRE OU A PRIME.

« Le 31 août fixe, ou plus tôt, à volonté, en
« me prévenant 24 heures d'avance, je livre-
« rai à M. Thomars 10,000 fr. de rentes 5 pour
« 100 consolidés, jouissance du 22 mars 1821,
« contre le paiement de la somme de 130,000 fr.

« Le porteur sera tenu de m'avertir au plus
« tard à la bourse du 31 dudit mois d'août, s'il
« entend retirer lesdites rentes, passé laquelle
« époque le présent marché sera nul et sans
« effet. »

DUMÉREL, agent de change.

Paris, 3 août 1821.

On voit que la clause, ou plus tôt à volonté,
se trouve comprise dans les actes ci-dessus. Il
en résulte que l'acquéreur par le marché libre
conserve la même faculté que dans les marchés
fermes ou à terme, c'est-à-dire qu'il peut forcer

15

son vendeur, en le prévenant vingt-quatre heures d'avance, à lui livrer les rentes qu'il lui a achetées. Le vendeur prévenu conserve aussi, comme dans les marchés fermes, le délai de cinq jours pour faire sa livraison.

CHAPITRE VI.

VENTES A PRIME.

Autant il est avantageux d'acheter des rentes *à prime*, autant il y a d'inconvénient à en vendre *à découvert* par ce marché, c'est-à-dire à vendre des rentes qu'on ne possède pas.

Ce marché semble ne pouvoir convenir raisonnablement qu'aux porteurs d'inscriptions. Ceux-ci peuvent y trouver de l'avantage, parce que le prix des rentes à prime est toujours plus élevé que celui des rentes fermes, et en supposant que le cours auquel ils ont acheté leurs inscriptions soit inférieur au cours des primes, ils ne peuvent faire un mauvais marché en vendant à prime; car si les rentes sont levées, elles sont payées plus chères qu'elles n'ont coûté; si elles ne le sont pas, la prime est acquise au vendeur, et sert encore à diminuer le premier prix d'achat de l'inscription.

Le *vendeur à découvert*, au contraire, incertain de la solution de son marché, ne peut connaître sa position qu'au jour de son terme.

CHAPITRE VII.

LIQUIDATION AUX TERMES DES MARCHÉS.

Les marchés à terme se faisant généralement pour la fin du mois, ou pour la fin du suivant, cette époque arrivée, il faut nécessairement les liquider. La liquidation a donc lieu depuis le dernier jour de chaque mois jusqu'au 5 du suivant; les vendeurs au comptant comme à terme ont toujours cinq jours pour faire leur livraison.

L'acquéreur, au contraire, doit être en mesure de payer aussitôt qu'il reçoit l'inscription; et comme dans les marchés à terme il n'est censé avoir opéré de cette manière que pour attendre ses fonds lorsque ce terme est arrivé, son marché doit se conclure tout de suite. Ainsi l'acheteur à terme qui ne veut ou ne peut pas payer les rentes qu'il a acquises fin du mois, est forcé de les revendre le lendemain du jour fixé pour le terme du marché; et le vendeur qui ne peut ou ne veut pas livrer, n'est contraint de racheter les rentes par lui vendues, que dans les cinq jours qui suivent le terme fixé pour la conclusion du marché.

C'est donc le cinquième jour du mois qui suit que se paient les différences des opérations qui ont été faites dans le courant et pour la fin du mois; c'est l'époque définitive qui termine tous les marchés. Si à cette époque l'acheteur n'a pas vendu ses rentes à terme, et qu'il ne veuille pas les lever, le syndic des agens de change le fait d'office pour lui, et il est tenu de solder la différence qui peut exister entre le prix de son acquisition et celui de sa vente; la même chose a lieu lorsque le vendeur n'a pas acheté.

CHAPITRE VIII.

LIQUIDATION DES MARCHÉS LIBRES.

La liquidation se fait de la même manière pour ces marchés que pour les précédens, lorsque ceux-ci sont consolidés, c'est-à-dire lorsque les acquéreurs à prime lèvent les rentes qu'ils ont achetées. Dans le cas contraire, la prime se trouvant abandonnée, le marché est annulé, et sa liquidation faite, la prime ayant été payée d'avance.

CHAPITRE IX.

DES REPORTS.

On donne ce nom, en termes de bourse, à un marché qui reporte l'opération faite pour la fin d'un mois à la fin du mois suivant. Les marchés fermes peuvent seuls se reporter ; les marchés libres n'ont pas la même faculté, parce qu'ils portent avec eux une clause résolutive.

Les reports servent à prolonger une opération, soit à la hausse, soit à la baisse. Par exemple, lorsqu'un spéculateur a fait une opération à la hausse à terme, et qu'il désire prolonger son opération, il fait vendre à l'échéance du terme les rentes par lui précédemment acquises, au cours existant alors, et les fait racheter en même temps, et au même cours, pour la fin du mois qui suit. S'il se trouve une différence entre le premier prix d'acquisition et le prix de cette dernière vente, il la doit de suite, si elle est à son désavantage ; elle lui est due dans le cas contraire. S'il désire prolonger une spéculation à la hausse, il fait racheter, au terme du marché, les rentes par lui vendues dans le courant du mois, et fait revendre à la fin du mois de celui qui va suivre. Le rachat de cette nouvelle rente se fait au même cours. La différence entre le prix d'achat et de vente se liquide de suite. On peut donc, au moyen des reports, suivre une opération de rentes aussi long-temps qu'on le désire.

CHAPITRE X.

NÉGOCIATION D'EFFETS PUBLICS.

Outre la rente, qui fait l'objet principal des opérations des agens de change à la Bourse, ils y négocient encore un assez grand nombre d'effets publics, dont les *cotes* sont insérées aux bulletins authentiques du cours des effets. Nous parcourrons les principaux.

1°. *Obligations et rentes perpétuelles de la ville de Paris.*

La ville de Paris a été autorisée, par ordonnance royale du 14 mai 1817, à mettre en circulation 33,000 actions au porteur, de 1000 fr. chacune, avec intérêt de 6 pour 100, payable par trimestre, sur les coupons qui y sont annexés, à la caisse municipale.

Le capital est remboursable en douze ans, à compter de 1817. Tous les trois mois, le tirage des obligations qui doivent être remboursées se fait à l'Hôtel-de-Ville, en présence du préfet de la Seine. A chacune des obligations sont affectées des primes de diverses quotités.

La ville de Paris a également été autorisée à émettre des rentes perpétuelles 5 pour 100; elles sont en coupons de 250 francs, payables au porteur par semestre, le 1er janvier et le 1er juillet de chaque année, dont quittances visées par le contrôleur des rentes.

Les paiemens s'effectuent à la caisse municipale.

2°. *Compagnie des Quatre Canaux.*

Cette compagnie s'est formée pour le prêt au gouvernement de 68 millions destinés à l'achèvement des canaux de *Bretagne*, du *Nivernais*, du *Duc de Berry*, et de *celui latéral à la Loire*.

Ces 68 millions sont ainsi répartis :

Canal de Bretagne.........	36,000,000 fr.
— du Nivernais........	8,000,000
— du Duc de Berry...	12,000,000
— latéral à la Loire....	12,000,000
Total......	68,000,000.

Ils doivent être livrés à la navigation le 1er janvier des années 1830, 1831 et 1833.

Les actions des quatre canaux sont de 1,000 f. au porteur, ou nominatives. Les actionnaires doivent en acquitter le montant en dix ans, par sommes inégales versées le 1er avril et le 1er octobre de chaque année, depuis 1822 jusqu'en 1832.

Il leur est payé un intérêt annuel de 5 pour

100, le 1er avril et le 1er octobre, sur les versemens déjà effectués.

La compagnie a créé des certificats de dépôt de vingt-cinq actions de 1,000 francs, et les versemens successifs, effectués depuis 1822 sur le montant de vingt-cinq actions, c'est-à-dire sur les 25,000 francs, ont été affectés à la libération progressive des actions.

Au 1er octobre 1832, les actions se trouveront toutes libérées, et leur remboursement aura lieu par tirages annuels en trente-cinq ans, à partir de 1833 jusqu'en 1867, avec une prime fixe de 250 francs pour chacune.

L'action de jouissance donne droit à une répartition, à raison de $\frac{1}{68}$ sur la moitié du revenu annuel des quatre canaux, pendant quarante ans, à compter de 1868. Ces actions peuvent se négocier séparément.

3°. *Canal de Bourgogne.*

L'emprunt autorisé par la loi du 14 août 1822, pour le canal de Bourgogne, est de 25,000,000 de francs, divisés en 10,000 actions de 2,500 francs chacune.

Ces actions sont au porteur, et payables au trésor royal par trimestres, en 41 versemens égaux de 61 francs, à dater du 1$_{\text{er}}$ octobre 1822, jusques et y compris le 1er octobre 1832.

Un intérêt de 5 fr. 10 c. pour 100 est affecté aux versemens effectués ; ainsi, en 1833, on aura payé. . . . . 2,500 f. 00 c.

Mais on aura reçu successivement pour les intérêts. 637 73

Restera. 1,862 27

pour laquelle somme on se trouvera possesseur d'une action de 2,500 fr.

4°. *Canal de Monsieur.*

Dix mille actions de 1,000 fr. au porteur, représentant un capital de 10,000,000 de fr., ont été émises en 1821, pour l'achèvement du canal Monsieur (qui réunit la Saône et le Rhin), avec intérêts à 5 pour 100, payables le 31 juin et le 31 décembre de chaque année.

Elles doivent être remboursées à dater de décembre 1822, par tirages successifs, ayant lieu tous les ans à la même époque, et sont accompagnées d'une action de jouissance, donnant droit à la 10,000^{e} partie du produit net du canal, jusqu'en 1926, et d'un coupon de prime fixe de 250 fr., payable le jour du remboursement de l'action. L'administration de la compagnie réside à Strasbourg.

5°. *Canal du duc d'Angoulême.*

L'ordonnance royale du 27 avril 1825 porte l'autorisation de la *Société anonyme du canal du duc d'Angoulême.*

L'emprunt de 6,600,000 fr., affecté à l'achèvement des travaux, est représenté par 6,600 actions au porteur, de 1,000 fr., avec intérêt à 4 pour 100 l'an, payable de semestre en semestre, à partir du 10 octobre 1827.

A chacune de ces actions se trouve annexé un *billet de prime* de 600 fr., payable au moment du remboursement de l'action. Ce billet de prime peut en être détaché, et se négocier séparément.

Les travaux n'ayant pas été terminés à l'époque fixée, les actionnaires ont droit à une répartition extraordinaire, à raison de 2 pour 100, ou de 20 fr. l'an, par action, pendant toute la durée du retard, et, pour prévenir le cas où l'action à 4 pour 100 et le billet de prime correspondant se trouveraient entre des mains différentes, il est établi qu'il sera payé 10 fr.

au porteur de l'action , en sus des intérêts à 4 pour 100, et les autres 10 fr. au porteur du billet de prime.

L'amortissement doit avoir lieu en trente-trois ans et un tiers.

Les porteurs d'actions ont la faculté de les déposer au trésor royal en échange de certificats nominatifs et transmissibles par endossement, constatant le dépôt.

Il n'est délivré de certificat qu'autant que les actions sont au nombre de dix.

Par l'ordonnance royale du 27 avril 1825, la compagnie a été autorisée à émettre 1320 *actions de jouissance*, au lieu de 660 primitivement stipulées par l'ordonnance du 20 février 1822.

6°. *Canal des Ardennes.*

Tout ce que nous venons de dire relativement à la compagnie du canal du duc d'Angoulême s'applique également à la compagnie anonyme du canal des Ardennes.

Seulement l'emprunt contracté est de 8 millions divisés en 8,000 actions de 1,000 fr.; et les *coupons de prime* qui l'accompagnent sont de 750 fr.

L'ordonnance royale du 27 avril 1825 a autorisé la compagnie à émettre 1,600 *actions de jouissance*, au lieu de 800, primitivement stipulées dans l'ordonnance du 20 février 1823.

7°. *Canal d'Arles à Bouc.*

L'emprunt affecté au canal d'Arles à Bouc, par la loi du 14 août 1822, est de 5,500,000 fr., divisés en 1,000 actions au porteur, de 5,500 fr. chacune, payable en 25 versemens égaux de 220 fr., et par trimestre, à dater du 1er octobre 1822 jusqu'au 1er octobre 1828, avec intérêt de $5\frac{11}{100}$ pour 100 sur les versemens effectués. Cet intérêt se paie le premier de chaque année.

Le remboursement doit avoir lieu en 36 ans, par une annuité de 364 fr. 10 cent. pour chaque action, soit de 182 fr. 05 cent. par semestre, de 1828 à 1864, et chaque actionnaire aura droit au millième de la moitié du revenu du canal pendant 40 ans : c'est ce qu'on appelle action de jouissance.

8°. *Canal d'Aire à la Bassée.*

Les actions de la compagnie, à laquelle sont concédés les droits de péage sur le canal d'Aire à la Bassée pour 87 ans et 11 mois, à partir de 1822, sont au nombre de 600, de 5,000 fr. chacune, au porteur ou nominative, au gré de l'actionnaire. Elles jouissent d'un intérêt annuel de 5 pour 100, payé par semestre, au 1er janvier et au 1er juillet.

9°. *Canal de la Sensée.*

Le fonds social de la compagnie du canal de la Sensée est de 1,500,000 fr., divisé en 1,000 actions de 1,500 fr. Les produits de ce canal, livré depuis 8 ans à la navigation, rendent aux actionnaires de 12 à 15 pour 100 de capital nominal. Le siége de la compagnie est établi à Cambrai (Nord).

10°. *Salines de l'Est.*

Les salines royales et mines de sel-gemme, situées dans les départemens de la Meurthe, de la Meuse, de la Moselle, du Haut et du Bas-Rhin, du Jura, du Doubs, de la Haute-Saône et de la Haute-Marne, ont été adjugées le 31 octobre 1825, pour 99 ans, à la compagnie des salines et mines de sel de l'Est, dont le siége est établi à Paris.

Les actions émises sont de 5,000 fr.; elles se négocient odinairement à 12 pour 100 de bénéfice.

11°. *Navigation de l'Oise.*

La compagnie anonyme, formée à Paris sous le titre de *Société de la navigation de l'Oise*, et autorisée par ordonnance royale du 2 août 1826, a été admise à verser au trésor royal la somme de 3 millions, pour faire face à l'exécution des travaux d'amélioration de la rivière de l'Oise, depuis Manicamp jusqu'à la Seine.

A cet effet ont été créées 3,000 actions au porteur de 1,250 fr., capital nominal, jouissant d'un intérêt de 4 pour 100 l'an, payable au trésor, de semestre en semestre, le 10 janvier et le 10 juillet, jusqu'au moment de l'amortissement dudit capital, par suite des tirages au sort qui ont lieu tous les six mois, pendant 33 ans et 140 jours.

Dans le cas où quelque retard imprévu, dans l'achèvement des travaux, au-delà du terme prescrit de fin 1830, viendrait à reculer l'époque du remboursement, qui ne doit commencer que lorsque tout sera terminé, les actions auront droit, en sus des intérêts à 4 pour 100, à une répartition à raison de 7 fr. 50 cent. par action l'an, pendant la durée de ce retard.

Les porteurs de cinq actions ont la faculté de les échanger, au trésor royal, contre des certificats de 6,250 fr., accompagnés de coupons d'intérêts, payables de semestre en semestre. Ces certificats sont à ordre, et transmissibles par endossement.

Il a été créé en même temps 3,000 *actions de jouissance* au porteur, donnant droit, 1°. aux neuf dixièmes des excédans des produits de la concession de l'annuité fixe de 225,000 fr., garantie par le gouvernement pendant 33 ans et 140 jours que durera l'amortissement des 3,000 actions de l'emprunt;

2°. Aux neuf dixièmes de la moitié de tous les produits de la concession, pendant les 50 ans qui suivront lesdits 33 ans et 140 jours.

Le compte et la répartition du produit de ces actions sont faits annuellement aux actionnaires par l'administration de la société.

Dans le cas de retard imprévu dans l'achèvement des travaux, les *actions de jouissance* auront droit, comme celles de l'*emprunt*, à une boni de 7 fr. 5o cent. par an, pendant la durée dudit retard.

12°. *Pont, Gare et Port de Grenelle.*

L'ordonnance royale du 26 juillet 1826 porte l'autorisation de la société anonyme formée à Paris, sous le titre de *Compagnie des Pont, Gare et Port de Grenelle.*

Le fonds social se compose,

1°. De 43,000 toises de terrain sur le pied de 100 fr. la toise, ce qui pré-sente une valeur de . . . . 4,3oo,ooo fr.

2°. D'une somme en argent de 2,700,000

Ensemble 7,000,000

Ce capital est représenté par 7,000 actions de 1,000 fr., dont 4,3oo pour la valeur des terrains apportés en société, et 2,700 pour le fonds en argent.

Ces actions sont nominatives et transmissibles par voie de transfert : chacune d'elles donne droit à un sept-millième dans les produits des opé-rations de la société, et rend passibles de pa-reilles quotités dans les pertes, sans que, dans aucun cas, les actionnaires puissent être engagés au-delà du montant de l'action.

Lorsque le paiement intégral des actions aura été effectué, les actionnaires auront la faculté de faire convertir leurs actions nominatives en actions au porteur.

Elles produisent un intérêt de 5 pour 100 par an, à compter des versemens de leur montant, dans les termes ci-dessus fixés. Ces versemens sont constatés successivement sur le titre provisoire d'action nominative, signé de deux administrateurs et d'un censeur.

13°. *Ponts sur la Seine.*

Les ponts des Arts, du Jardin du Roi et de la Cité, ont été construits en vertu de la loi du 24 ventose an IX; le péage fixé à 5 c. par piéton a été concédé jusqu'au 30 juin 1897.

Les actions sont au nombre de 3,780, chacune de 1,000 fr. Tous les trois mois la totalité des recettes est répartie entre les actionnaires, à l'exception de $\frac{1}{30}$ affecté aux frais d'entretien et à la formation d'un capital qui doit servir au remboursement des actions le 30 juin 1897.

Le paiement du dividende est effectué, au

1er janvier, avril, juillet et octobre de chaque année, à la caisse de l'administration.

Le cours des actions était de 1,900 fr. au mois de février 1829.

Les diverses compagnies autorisées, soit par des actes législatifs, soit par les ordonnances du Roi, à entreprendre et exécuter ces travaux, ont mis en circulation des actions pour se procurer les fonds qui leur étaient nécessaires; ces actions ont cours à la Bourse, et haussent ou baissent suivant la confiance qu'inspirent les sociétés, ou les dividendes attachés à chaque action.

Il y a encore quelques autres effets provenant des sociétés particulières qui ont également cours à la Bourse, nous en citerons quelques uns.

1°. Caisse hypothécaire établie par ordonnance du Roi, du 20 juillet 1820.

La caisse hypothécaire, constituée en société anonyme, est un établissement destiné à procurer aux engagemens sur propriétés immobilières, les avantages du crédit dont jouissent les billets de commerce.

Comme les banques ordinaires, la caisse hypothécaire ouvre un crédit aux personnes qui peuvent fournir des hypothèques suffisantes. C'est
le premier et le principal objet de ses opérations. Le crédit est réalisé en obligations au
porteur, souscrites par la caisse. Cette manière
d'opérer a, pour l'emprunteur, le double avantage de ne pas faire circuler sa signature dans
le commerce, et de ne pas l'exposer à l'action
directe des porteurs d'obligations.

Le fonds social est de 50 millions divisés en
50,000 actions de 1000 fr. chacune. Les actions
sont au porteur ou nominatives au gré de
l'actionnaire : elles jouissent d'un intérêt de 6
pour 100 payable par semestre, aux mois de
janvier et de juillet de chaque année.

Les actionnaires n'engagent que la somme
qu'ils ont promis de verser dans la société. Tout
appel de fonds au-delà du montant des actions
est interdit.

Le montant des actions est payé à raison de
$\frac{1}{10}$ par semestre d'avance; en sorte que la totalité du paiement doit être effectuée en quatre
ans et demi, à partir du 1er janvier 1824, époque à laquelle la caisse hypothécaire a com-

mencé réellement ses opérations. On peut anticiper le paiement des dixièmes.

Sur le bulletin de la Bourse, on cote les *actions de la caisse* qui ont été libérées, et *les promesses d'actions* dont les $\frac{9}{10}$ seulement se trouvent payés.

Le crédit accordé par la caisse hypothécaire est ouvert pour vingt ans. Il est ajouté au capital convenu 80 pour 100, pour tenir lieu de tous les intérêts, frais et droits de commission pendant vingt années. La libération s'effectue par annuités, et le débiteur, en payant chaque année 9 pour 100 du capital emprunté, se libère à la fois du capital et des intérêts. L'annuité établie par la caisse hypothécaire n'est donc par le fait qu'une rente viagère de 9 pour 100, dont le service est limité à vingt ans. Ainsi, par exemple, un prêt de 100 fr. auxquels on ajoute 80 fr. pour les intérêts pendant vingt ans, vous versez annuellement 9 fr., et au bout des vingt années vous avez acquitté votre dette ou payé les 180 fr.

La caisse hypothécaire fournit le montant total des crédits qu'elle a ouverts en ses obligations payables à raison de $\frac{1}{10}$ par chaque année;

il est attaché à ces obligations des primes depuis 10 jusqu'à 90 pour 100, suivant celles des vingt années où le remboursement est effectué conformément aux tirages annuels.

Ces obligations sont donc le papier de crédit sur lequel reposent les avantages que l'industrie doit retirer de l'établissement de la caisse hypothécaire : elles sont au porteur et de 500 fr. chacune ; elles offrent un placement à 4 pour cent par an et même au-delà, et se négocient à la Bourse de Paris. Leur remboursement exact est garanti par le fonds social, et, de plus, la caisse s'oblige à les escompter à présentation pendant les trois mois qui suivent la date de l'engagement qui leur a donné naissance. L'escompte a lieu à raison de $\frac{1}{2}$ pour 100 pour chacune des vingt années. Les obligations qui ont un an de date sont reçues au pair (sans escompte) en paiement des actions et des annuités.

2°. *Compagnie française du Phénix contre l'incendie, établie par ordonnance du Roi du 1ᵉʳ septembre 1819.*

Les assurances de cette compagnie sont à

prime; ses actions sont de 1,000 fr. et toutes au porteur. Elles jouissent d'un dividende qui est arrêté et payé au mois de janvier et de juillet de chaque année.

Son capital est de 4,000,000 fr.

3°. *Compagnie d'Assurances générales sur la vie des hommes, établie par ordonnances du Roi des 22 décembre 1819, 20 mai et 6 septembre 1820.*

Le capital de cette compagnie est de 3 millions divisés en 300 actions nominatives de 7,500 fr. chacune, et 1,000 actions au porteur de 750 fr.

4°. *Compagnie d'Assurances générales contre l'incendie, établie par les ordonnances du Roi des 14 février et 20 octobre 1819.*

Son capital est de 2 millions divisés en 300 actions nominatives de 5,000 fr. et 1,000 actions au porteur de 500 fr.

5°. *Compagnie d'Assurances générales mari-times, établie par ordonnances du Roi des 22 avril et 24 septembre 1818.*

Le capital de la compagnie d'assurances générales maritimes est de 5 millions divisés en 300 actions nominatives de 12,500 fr. chacune, et en 1,000 actions au porteur de 1,250 fr.

Les intérêts prélevés sur les bénéfices, à raison de 5 pour 100 l'an, sont payés par coupon de 2 fr. 50 c. aux mois de janvier et de juillet.

De l'excédant des bénéfices, $\frac{1}{8}$ constitue un fonds de réserve, et les $\frac{7}{8}$ restant sont répartis entre les actionnaires, sauf une retenue de 2 pour 100 consacrés à des actes de bienfaisance. Ces dispositions s'appliquent également, à part de légères modifications, aux actions des compagnies d'assurances générales contre l'incendie et sur la vie des hommes.

Ces diverses compagnies sont du nombre de celles que l'on nomme *Sociétés anonymes*, et dont nous avons fait connaître les règles et la nature dans le *Manuel du Négociant*. Voyez aussi le *Vocabulaire* ci-après.

VOCABULAIRE

EXPLICATIF

DES TERMES DE BANQUE, COURTAGE ET OPÉRATIONS DE BOURSE EMPLOYÉS DANS LE *Manuel du Banquier, de l'Agent de change et du Courtier.*

A.

Acceptation. Terme de commerce en matière de lettres de change ; c'est l'acte par lequel un banquier ou négociant s'engage à payer la lettre tirée sur lui, et à l'échéance qui y est indiquée.

Action, en termes de banque et de finance, est une portion d'intérêt dans les bénéfices d'une entreprise quelconque, mais surtout de commerce, que l'on a acquise moyennant une certaine somme d'argent.

Comme une compagnie qui entreprend un grand trafic ne peut le faire sans des fonds considérables, on a imaginé de diviser ce fonds ou capital en plusieurs portions, afin qu'il fût plus aisé de le former, et qu'un plus grand nombre de personnes pussent y contribuer. On conçoit qu'il doit revenir du bénéfice à chacun de ceux qui ont mis de l'argent dans l'entreprise, en proportion de ce qu'ils y ont versé; c'est la *reconnaissance* de cette portion d'intérêt que doit toucher celui qui a placé de l'argent dans le fonds, que l'on appelle *action*, parce qu'elle donne un droit sur les profits de la compagnie.

Par exemple, si l'on forme une entreprise qui exige un million de fonds, et qu'on crée cent *actions* de mille francs chacune, celui qui aura acheté une de ces *actions* en donnant mille francs, aura droit à un centième des bénéfices faits avec le fonds des cent *actions*; c'est cet intérêt proportionné aux profits de l'emploi du fonds qu'on appelle *dividende*.

Actions de la Banque de France. Dans l'origine, le fonds capital de la Banque était de 30 millions, divisés en 30,000 actions de 1,000 fr. chacune. De nouvelles actions furent successivement créées, et, au mois de janvier 1808, la Banque fut encore autorisée à en émettre 45,000 nouvelles à 1,200 fr. chacune, ce qui porta le nombre des actions à 90,000. La Banque en ayant racheté 22,100, il n'en reste plus que 67,900 en circulation.

Le dividende annuel se forme d'une répartition de 6 pour 100 du capital originaire de 1,000 fr. par action; d'une autre répartition égale aux $\frac{1}{3}$ du bénéfice, excédant les 6 pour 100 prélevés; le dernier tiers est mis en réserve. Le dividende se paie par semestre, les 1er janvier et 1er juillet de chaque année.

Le transfert des actions s'opère par le ministère des agens de change à la Bourse.

Actions des Compagnies d'assurances. Il y a plusieurs compagnies formées en sociétés anonymes, dont les actions se négocient à la Bourse; telles sont : la *Compagnie royale d'assurances maritimes*, autorisée par ordonnance du 20 février 1820, dont le capital fut fixé à dix millions, divisés en 2,000 actions de 5,000 fr. chacune; la *Compagnie royale d'assurances sur la vie des hommes*, créée par ordonnance du 11 février 1820, dont le fonds est de 30 millions de francs divisés en 6,000 actions de 5,000 fr. chaque; la *Compagnie d'assurances générales maritimes*, établie par les ordonnances des 2 avril et 2 septembre 1818, dont le capital est de 000,000 fr. divisés en 300 actions de 12,500 fr., et en 1,000 actions de 1,250 fr., les premières nominatives, les secondes au porteur; la *Compagnie royale d'assurances contre l'incendie*, autorisée par ordonnance du 11 février 1820: cette compagnie est réunie, pour ses opérations, à celle d'assurances générales maritimes; la *Compagnie d'assurances générales contre l'incendie*, autorisée par les ordonnances des 14 février et 20 octobre 1819: son capital est de 2 millions de francs, qui se divisent en 300 actions de 5,000 fr. chacune, et 1,000 de 500 fr.; la *Compagnie générale sur la vie des hommes*, autorisée par ordonnance du 22 décembre 1819: son capital est de 3 millions de francs, divisés en 300 actions de 7,500, et 1,000 de 750, les premières nominatives, les secondes au porteur; la *Compagnie commerciale d'assurances*, autorisée par l'ordonnance du 22 avril 1818: son capital est de 4 millions de francs, divisés en 400 actions nominatives de 8,000 fr., et 800 de 1,000 fr. au porteur; la *Compagnie française du Phénix*, autorisée par ordonnance du 1er septembre 1819 : son capital primitif est de 400,000 fr. en numéraire, et 180,000 fr. de rentes sur le grand-livre; il se divise en actions au porteur, de 100 fr. argent, et 45 fr. de rente

Les actions de toutes ces compagnies se négocient à la Bourse, et sont cotées au *cours du jour*.

Action nominative. C'est celle qui porte le nom de celui qui a déposé le fonds de sa valeur, et ne peut être transmise que par le moyen d'un transfert, ou de l'inscription du nom du nouveau propriétaire sur le registre de la société dont elle émane. Beaucoup de sociétés ou compagnies d'assurances et de finance ont ces deux espèces d'actions.

Le Code de Commerce porte : « L'action d'une société peut être établie sous la forme d'un titre au porteur ; dans ce cas, la cession s'opère par la tradition du titre. La propriété des actions peut être établie par l'inscription sur les registres de la société ; dans ce cas, la cession s'opère par la déclaration de transfert sur les registres, et signée de celui qui a fait le transport, ou d'un fondé de pouvoir. » Art. 35 et 36 du Code de Commerce.

Actions des Ponts. Par différentes lois et arrêtés du gouvernement, une compagnie fut admise à faire construire les ponts d'Austerlitz, des Arts et de la Cité, moyennant un péage dont la durée fut fixée jusqu'au 30 juin 1897. Cette compagnie créa 3,780 actions de 1,000 fr. chacune, qui se négocient à la Bourse comme les autres effets publics.

Action au porteur. C'est celle qui se négocie de la main à la main, ou n'exige que la signature du cédant pour passer à un nouveau propriétaire ou porteur.

Acquit, en style de banque, est la signature que le porteur d'une lettre de change y met, avec ces mots : *pour acquit ;* ce qui forme une décharge ou quittance pour celui qui paie le montant de la lettre de change.

Affinage de l'or et de l'argent. La loi du 19 brumaire an VI, qui a établi la *garantie* pour le commerce des matières d'or et d'argent, porte, article 122, « que les lingots et matières d'or et d'argent affinés, qui seraient trouvés dans le commerce sans être revêtus du poinçon du bureau de garantie, seront confisqués, et l'affineur qui les aura livrés, condamné à 500 francs d'amende. »

L'art de l'affineur, qui précédemment ne s'exerçait qu'aux hôtels des monnaies, a été rendu libre par l'article 112 de la loi du 19 brumaire an VI.

Le public peut également faire affiner ou départir les monnaies étrangères ou matières d'or et d'argent à l'*affinage national*, conformément à la même loi.

Agens de change. Espèce de commissionnaires établis dans les principales villes de commerce, pour faciliter, entre les banquiers, commerçans, gens d'affaires et de finances, le commerce d'argent et la négociation des lettres et billets de change.

En France, jusqu'au milieu du dix-septième siècle, on les appelait *courtiers de change*; mais par un arrêt du conseil de 1639, ce nom fut changé en celui d'*agens de change*, banque et finance.

Les fonctions, droits et devoirs des agens de change sont exposés et déterminés dans le titre v du Code de Commerce.

Agio, terme de banque, usité originairement à Venise et en Hollande; il vient du mot italien *agio*. Il désigne la différence qui se trouve entre l'argent courant et l'argent de banque ou billet.

Lorsque, par exemple, la différence de l'argent courant d'Amsterdam à celui de banque, est de 4 et $\frac{1}{2}$ pour 100, ou que, pour avoir 100 florins en argent de banque, c'est-à-dire en billets de banque représentant 100 florins, on en paie 104 et $\frac{1}{2}$ courant; on dit alors que l'*agio* est à 4 et $\frac{1}{2}$ pour 100.

Agio signifie aussi en termes de bourse le profit qu'il y a à faire sur les monnaies d'or, relativement aux monnaies d'argent en francs; l'*escompte*, dans ce cas, désigne la perte. C'est ainsi que l'agio des pièces d'or de 20 et 40 fr. en bénéfice pour de l'argent, se trouve aujourd'hui à 2 fr. 50 c. pour 1,000 fr., ou 5 c. par pièce. L'escompte de la monnaie d'argent, par rapport à l'or, serait donc de la même somme en perte.

Annuité. C'est une rente payée pendant un certain temps en intérêts, ainsi que le principal d'une somme empruntée. L'annuité diffère de la rente ordinaire, en ce que celle-ci se paie par le débiteur au créancier, pour l'usage qu'il fait de son capital, qui peut être remboursé, au lieu que dans l'annuité, le capital est aliéné. L'annuité se négocie, et est au porteur; mais elle est remboursable annuellement, jusqu'à l'extinction du capital.

Il se négocie à la Bourse des annuités créées par le gouvernement, à 4 pour 100, avec primes et lots ; elles sont par coupons de 1,000 fr. chacune.

Arbitrage, terme de banque qui désigne une opération de calcul, fondée sur la connaissance de la valeur des fonds, du prix des marchandises et du cours du change dans diverses places, à l'aide de laquelle un marchand ou banquier tient ou fait passer des fonds, fait des achats ou des remises dans celle de ces places où il trouve le plus de bénéfice.

Argue pour la garantie du titre et de la valeur des objets d'or et d'argent ; il est établi aux hôtels des monnaies, des argues destinées à donner aux lingots d'or et d'argent la forme de fils ou de lames nécessaires à leur emploi.

La loi du 19 brumaire an VI a déterminé ainsi qu'il suit l'obligation et les frais de cette opération :

« Les tireurs d'or et d'argent sont tenus de porter leurs lingots aux *argues nationales*, pour y être dégrossis, marqués et tirés. Ils y paieront pour prix de ce travail, savoir : pour les lingots de doré, et lorsque les propriétaires auront leurs filières, 5o cent. par hectogramme (trois onces deux gros douze grains) ; et lorsqu'ils n'auront pas de filières, 75 cent. ; pour les lingots d'argent, 12 cent. par hectogramme, lorsque les propriétaires auront des filières ; et quand ils n'en auront pas, 25 cent. »

Le *droit de garantie* est de 20 fr. par hectog. (trois onces deux gros douze grains) d'or, et de 1 fr. par hectogramme d'argent, non compris les frais d'essai ou de touchaud. Il n'est rien perçu sur les ouvrages d'or et d'argent dits *de hasard*, remis dans le commerce ; ils ne sont assujettis qu'à être marqués une seule fois du poinçon de vieux, ordonné par l'article 8 de la même loi. Les ouvrages d'or et d'argent venant de l'étranger doivent être présentés aux employés des douanes sur les frontières de la France, pour y être déclarés, pesés, plombés, et envoyés au bureau de garantie le plus voisin, où ils sont marqués du poinçon ET, et paient des droits égaux à ceux qui sont perçus pour les ouvrages d'or et d'argent fabriqués en France. Sont exceptés des dispositions ci-dessus, 1°. les objets d'or et d'argent appartenant aux ambassadeurs et envoyés des puissances étrangères ; 2°. les bijoux d'or à l'usage personnel des voyageurs, et les ouvrages en argent servant également à leur personne, pourvu que leur poids n'excède pas en totalité 5 hectogrammes (16 onces 2 gros 6o grains $\frac{1}{2}$).

Lorsque les ouvrages d'or et d'argent, venant de l'étranger et introduits en France en vertu des exceptions précédentes, sont mis dans le commerce, ils doivent être portés aux hôtels des monnaies pour y être marqués d'un poinçon de garantie destiné à cet effet.

Arrérages. Ce qui est dû d'une rente annuelle, pension, cens, redevance, loyers de terre, etc.

Arriéré. Expression de finances, qui signifie ce qui reste dû des exercices antérieurs, par le trésor public, aux divers créanciers du gouvernement. Cet arriéré, pour les exercices 181o, 1811, 1812, 1813, 1814, a été payé en reconnaissances de liquidation. (*Voyez ce mot.*)

L'arriéré antérieur à 181o n'est point remboursable en *reconnaissances* de liquidation, mais en inscriptions sur le grand-livre, conformément à la loi du 2o mars 1813.

Association. C'est, en termes de commerce,

la réunion de plusieurs marchands ou négocians, pour faire, d'après des conventions établies entre eux, un commerce ou entreprise commerciale. Les agens de change et les courtiers n'en peuvent former aucune pour l'exercice de leurs fonctions. (*Arrêté du 27 prairial an x.*)

Assurance maritime. On appelle ainsi un contrat ou convention par laquelle on promet d'indemniser le propriétaire de choses transportées par mer, en cas de pertes ou d'avaries, moyennant un prix convenu entre l'assuré qui fait faire ce transport, et l'assureur qui prend le péril sur soi et répond de l'événement. Le Code de Commerce a réglé, au livre second, titre x, les droits, devoirs et obligations des assureurs et assurés, ainsi que les conditions du contrat d'assurance.

Il y a à la Bourse des courtiers d'assurances maritimes établis par le gouvernement. (Voyez *Courtiers.*)

Assurances contre l'incendie, sur la vie des hommes, etc. Plusieurs capitalistes se sont formés en sociétés anonymes, et ont formé, avec l'autorisation du gouvernement, diverses compagnies d'assurances, dont les actions se négocient comme les effets publics à la Bourse. (Voyez *Actions des Compagnies d'assurances.*)

Aval. Souscription qu'on met au bas d'une lettre de change ou billet à ordre, ou tout autre effet, entre négocians ou banquiers, par laquelle on s'engage à en payer le contenu. Ce mot est l'abrégé de *à valoir.*

A vue, ou *à tant de jours de vue*, expression qu'on emploie dans l'énoncé d'une lettre de change, pour indiquer qu'elle doit être payée à présentation, ou à tant de jours après avoir été *visée*; c'est-à-dire que si la lettre de change ou l'effet de commerce est à cinq jours de vue, par exemple, et qu'il soit *visé* le 10 du mois, il devra être payé le 15. (Voyez *Usance.*)

B.

Bilan. Livre dont les négocians et banquiers se servent pour écrire leurs dettes actives et passives, c'est-à-dire ce qui leur est dû et ce qu'ils doivent.

On appelle, à Lyon, l'*entrée* et *l'ouverture du bilan*, le dixième jour du mois des paiemens jusqu'au dernier jour duquel mois on fait le virement des parties; chaque négociant écrit de son côté, sur son *bilan*, les parties qui ont été virées ; en sorte que si, après le mois expiré, il se faisait quelques viremens des parties, ils demeureraient nuls suivant l'article 3 du réglement de la place du change de Lyon, du mois de juin 1667.

Billet à ordre. C'est une promesse donnée par un banquier ou négociant à un créancier, de lui payer ou de payer à son ordre la somme qui s'y trouve portée, et à l'échéance indiquée.

Le *billet à ordre* doit être daté ; énoncer la somme à payer, le nom de celui à l'ordre duquel il est souscrit, l'époque du paiement, la valeur qui en a été fournie en espèces ou en marchandises, ou de toute autre manière.

Tout billet à ordre est prescrit au bout de cinq ans, à dater du jour où le protêt pour non paiement aura été fait, c'est-à-dire qu'au bout de ce temps on ne peut plus en exiger le montant, art. 187, 188, 189 du Code de Commerce.

Bons des boulangers. Ils sont de 1,000 fr. chacun. Les agens de change les négocient à la Bourse comme les autres effets publics.

L'ordonnance royale du 15 janvier 1817 a autorisé les administrateurs de la caisse syndicale des boulangers à émettre ces bons pour le service de la boulangerie à Paris.

Bons de la Caisse de service. Effets émis par le gouvernement, formant une partie de ce qu'on appelle la *dette flottante ;* ce sont des billets à ordre ou au porteur, avec échéance fixe, délivrés par le trésor, dans quelques occasions, pour servir au remboursement du cautionnement, ou de toute autre dette, mais le plus souvent pour subvenir à ses propres besoins.

Les bons de la Caisse de service se négocient sur la place : leur échéance est ordinairement de six mois ; ils portent intérêt à 4 pour 100, et sont recherchés des capitalistes.

Bons royaux. On les nomme aussi *Bons de la Caisse de service.* (*Voyez ce mot.*) Ils sont mis en circulation par le ministère des finances, pour les besoins du trésor ; ils portent un intérêt à échéance fixe, et se négocient au cours, à la Bourse.

Bourse de Commerce. Aux termes de l'article 71 du Code de Commerce, « la Bourse est la réunion qui a lieu, sous l'autorité du gouvernement, des commerçans, capitaines de navires, agens de change et courtiers. »

Bourse de Paris. Elle fut établie d'abord par

arrêt du conseil du 24 septembre 1724 ; supprimée par un décret du 27 juin 1793, elle fut rétablie par décret du 6 floréal an III.

La Bourse de Paris est ouverte tous les jours, à deux heures, à tous les citoyens et étrangers ; mais le parquet ne l'est qu'aux agens de change. La Bourse est fermée à trois heures, pour les négociations d'effets publics, et à cinq heures pour les autres négociations.

Soixante agens de change, soixante courtiers de commerce et huit courtiers d'assurances, nommés par le Roi, sur la présentation du ministre du commerce, ont seuls le droit d'en exercer la profession. Les agens de change fournissent un cautionnement de 125,000 fr.

Brevets d'invention. Un décret impérial, du 25 novembre 1806, a abrogé l'article 14 du titre II de la loi du 25 mai 1791, portant réglement sur la propriété des auteurs de découvertes en tout genre d'industrie, par lequel il était défendu d'exploiter ces brevets d'invention par *actions.*

Ceux qui veulent, depuis l'époque de ce décret, exploiter leur titre de cette manière, le peuvent en se pourvoyant de l'autorisation du gouvernement.

C.

Cautionnement. C'est en général le nom que porte la garantie pécuniaire en immeubles ou en inscriptions, que donne au gouvernement tout comptable ou officier public chargé d'une manutention de deniers.

Cautionnement des agens de change et courtiers. L'arrêté du 19 avril 1801 porte que chaque agent de change ou courtier versera à la Caisse d'amortissement le montant du cautionnement auquel il est tenu, et faute par lui de remplir en un ou plusieurs termes cet engagement, il sera rayé du tableau des agens de change et courtiers. Ce cautionnement est spécialement affecté à la garantie des condamnations qui pourraient être prononcées contre eux par suite de l'exercice de leurs fonctions. L'intérêt leur en est payé par le gouvernement à 5 pour 100.

Une ordonnance du Roi du 9 janvier 1818, fixe à 125,000 fr. le cautionnement des agens de change, à 13,000 fr. celui des courtiers de marchandises, et à 15,000 fr. celui des courtiers d'assurances dans le département de la Seine.

Certain et *incertain*. Termes dont on se sert dans le change des monnaies étrangères pour en comparer la valeur avec celles de France. Pour entendre ceci, il faut se rappeler qu'il y a deux prix du change (*voyez ce mot*); l'un fixe et invariable qui est le résultat de la valeur intrinsèque des monnaies, et qu'on nomme *le prix du change*; l'autre qui varie suivant quelques circonstances et qu'on appelle *cours du change*, lequel n'est autre chose que le prix des monnaies étrangères qui se règle chaque jour à la Bourse, d'après leur valeur intrinsèque et le plus ou moins de demandes que l'on en fait.

Pour régler ce cours des monnaies étrangères on est convenu que dans l'évaluation, par exemple, de notre monnaie avec celle d'Amsterdam, on comparerait toujours 3 fr. avec des deniers de gros monnaie de Hollande ; dans l'échange avec l'Espagne c'est avec la pistole d'Espagne qu'on établit le change avec Madrid; pistole qu'on évalue tantôt à 14 fr. 80 c., et tantôt 15 fr. 25 c.

De là sont nées ces expressions que telle place donne le *certain*, et telle autre l'*incertain*. En disant donc que dans le change, un pays donne le certain, on entend que c'est toujours une de ses monnaies qui sert de terme de comparaison. Ainsi, dans le change de Paris avec Amsterdam, Paris donne le certain, c'est-à-dire 3 fr. pour plus ou moins de deniers de gros, tantôt 54, tantôt 55, ce qui est l'incertain.

Avec l'Espagne, au contraire, la France donne l'incertain, c'est-à-dire tantôt 14 fr. 80 c., tantôt 15 fr. pour une pistole d'Espagne fixe, c'est-à-dire le certain.

Il y a des tables dressées des places qui donnent le certain ou l'incertain avec Paris.

Certificat d'emprunt. Ce sont les titres délivrés aux personnes qui ont acheté des rentes, 5 pour 100 consolidés, du gouvernement, et qui ne sont payés qu'à des échéances déterminées. Lors du paiement complet, le certificat est échangé contre une inscription sur le grand-livre. Le certificat d'emprunt se négocie sur la place.

Change. C'est un marché par lequel un négociant transporte à un autre les fonds qu'il possède dans une ville de son pays ou de l'étranger, moyennant un prix convenu entre eux. Ce transport se fait par une lettre de change; elle représente la somme dont on a fait la cession. Cette négociation se fait par l'intermédiaire des banquiers. Pour consommer les négociations du change, il faut, avant le transport des dettes, connaître le rapport qui existe entre les monnaies du pays d'où la lettre est tirée, et celles du pays sur qui elle est tirée.

Ce rapport se détermine par le poids et le titre respectif des monnaies de chaque pays; mais cette connaissance ne suffit pas; il en faut une autre qui est celle du *cours du change*. En effet il y a deux prix dans le change: l'un fixe et invariable qui est le résultat de la valeur intrinsèque des monnaies et qu'on nomme le *pair de change*; l'autre qui varie suivant quelques circonstances et que l'on appelle *cours du change*, qui n'est autre chose que le prix des monnaies étrangères qu'on détermine chaque jour à la Bourse, d'après leur valeur intrinsèque et l'empressement plus ou moins grand avec lequel on les demande.

On règle ce prix en comparant la monnaie d'un pays avec celle d'un autre pays, de manière qu'il y en ait une des deux de fixe et certaine pour servir à l'évaluation de l'autre. (Voyez *Certain* et *incertain*.)

Cinq pour cent consolidés. Ce nom vient de la garantie d'un intérêt de 5 pour 100 que donne le gouvernement, pour un capital non remboursable, qu'il doit, soit aux particuliers, soit aux divers établissemens publics, tels que les hôpitaux, la Banque de France, la Caisse d'amortissement, etc. (Voyez *Tiers consolidé.*)

Commission des agens de change. C'est le droit de courtage qui leur est payé pour les négociations d'effets publics qu'ils font à la Bourse.

Par décision du tribunal de commerce de Paris, du 15 juillet 1801, la commission des agens de change leur est payée pour la négociation des papiers, tant sur l'étranger que sur les places des départemens, à raison d'un huitième de franc pour cent francs, payable par le vendeur et autant par l'acquéreur.

Pour les papiers sur Paris, la même commission d'un huitième par cent francs, payable seulement par le vendeur; et pour celle des effets publics, à raison du quart d'un franc par cent francs, du net produit de la négociation, payable par le vendeur et autant par l'acquéreur.

Commission des courtiers de commerce. C'est le prix du courtage et des démarches que font les courtiers de commerce dans la vente des marchandises. Une décision du tribunal de commerce de Paris, 15 juillet 1801, a fixé cette commission ou courtage à la moitié d'un franc par cent francs, payable par le vendeur et autant par l'acheteur.

Compte courant. C'est celui qu'on tient pour régler l'écriture des fonds déposés chez un banquier, et qui sont à la disposition de celui qui les a déposés. Le *compte courant* se rapporte également à l'intérêt que doit payer l'emprunteur de sommes diverses qui lui ont été remises.

Dans le commerce, l'année est considérée comme n'ayant que 360 jours; mais assez généralement, dans les *comptes courans*, on multiplie l'intérêt par le nombre de jours, en prenant les mois tels qu'ils se présentent; c'est-à-dire ceux de 31 jours pour 31, ceux de 30 pour 30, et février pour 28, dans les années ordinaires, et 29 dans les années bissextiles.

Coulissiers. Terme de bourse. On appelle

ainsi les spéculateurs qui font des opérations entre eux, sans employer le ministère des agens de change : ce nom leur vient de la place qu'ils occupent à la Bourse, près de l'entrée du parquet.

Leurs nombreuses négociations influent beaucoup sur le cours des effets publics ; ils font leurs affaires avant et après la bourse.

Coupon est la portion d'intérêt que le gouvernement fait payer, chaque semestre, au porteur d'une inscription sur le grand-livre de la dette publique. Le *coupon* se détache tous les six mois, les 5 mars et 3 septembre de chaque année, et diminue le prix de la rente de 2 fr. 5o cent.

Courtage. Opération commerciale par laquelle un agent de commerce, appelé *Courtier*, et reconnu en cette qualité par le gouvernement, intervient dans les transactions commerciales pour la vente et l'achat des marchandises, et le commerce des assurances dans les Bourses et places de commerce. (Voyez *Courtiers.*)

Le *courtage* est mis au nombre des actes de commerce par le Code, article 632.

On appelle aussi *courtage* le salaire dû à l'agent de change, pour le récompenser des peines qu'il prend dans les négociations dont il est chargé.

Courtier. Officier public autorisé par le gouvernement à faciliter les opérations commerciales, et à intervenir dans les transactions de commerce pour la vente et l'achat des marchandises, soit à la Bourse, dans les ventes à l'enchère ou les négociations particulières. Ils ont seuls le droit de faire le courtage des marchandises, et d'en constater le cours. Leurs droits et attributions sont fixés au titre ii du Code de Commerce.

On en distingue de quatre espèces :

1°. Les courtiers de marchandises; 2°. les courtiers d'assurances; 3°. les courtiers-interprètes et conducteurs de navires; 4°. les courtiers de transport par terre et par eau.

Ils sont soumis à un cautionnement qui est plus ou moins considérable, suivant la population des villes où ils sont établis.

D.

Différence est la somme qui se trouve exister entre un ou plusieurs cours des effets publics.

On ne spécule, en général, que sur les *dif-férences*, dans les marchés à terme.

Dont un, dont un franc, etc. Ce sont les expressions qui s'ajoutent au prix du cours des effets par marchés libres. Elles déterminent la somme de la prime que l'on demande. Ainsi on dit : La rente vaut, par marché libre, par exemple, 96 fr. *dont un;* cela signifie qu'elle vaut 96 fr. dont un franc, ou 1 pour 100 de prime, qui doit se payer de suite.

E.

Écu de banque ou *dollar d'Angleterre.* Ce sont des piastres d'Espagne refrappées, et dont le poids est peu affaibli par l'opération; il vaut 5 fr. 43 cent., argent de France.

Effets publics. On donne ce nom, à la Bourse, aux effets ou papiers d'État et de crédit qui s'y négocient par l'intermédiaire des agens de change. La hausse et la baisse de ces effets forment ce qu'on appelle le *cours des effets publics;* c'est sur eux que se font les spéculations à la Bourse de Paris.

Les principaux effets publics qui se négocient à la Bourse sont, 1°. les rentes 5 pour cent consolidés; 2°. les reconnaissances de liquidation; 3°. les bons de la Caisse de service; 4°. les actions de la Banque de France; 5°. les obligations et les rentes sur la ville de Paris; 6°. les actions des ponts; 7°. enfin les actions des diverses compagnies soit d'assurances ou d'entreprises financières.

Emprunt. C'est, en termes de finances et de bourse, la vente faite par le gouvernement d'une partie plus ou moins considérable de rentes, soit à une compagnie, soit directement aux particuliers.

C'est aussi, en termes ordinaires, une somme prêtée, ordinairement avec intérêt, par un capitaliste à un propriétaire ou commerçant.

Emprunt d'Espagne. Tel est le nom donné à des effets négociés à la Bourse provenant d'un emprunt fait par l'Espagne.

Un décret des Cortès, du 12 octobre 1820, ayant autorisé le gouvernement espagnol à faire un emprunt de 15 millions de piastres fortes, cet emprunt a été négocié et réalisé en France.

Il se divise en 150,000 obligations de 100 piastres chacune, remboursables par la voie du sort, et par tirages égaux, en Espagne, dans l'espace de vingt-quatre années. Ces obligations portent un intérêt sur le pied de 5 pour 100 par an ; elles ont en outre droit à des primes déterminées annuellement par le sort.

Les obligations sont au porteur, et des coupons d'intérêts susceptibles de se détacher y sont joints.

Engagemens. Ce sont les actes, sous signatures privées, employés pour les spéculations sur les fonds publics, qui lient les parties contractantes, et déterminent le mode de leurs opérations, et l'époque de leur terme.

Escompte. L'escompte, en termes de Bourse, est la faculté réservée à l'acquéreur de rentes, par marché ferme ou libre, de se les faire livrer avant le terme convenu moyennant une prime, cinq jours après en avoir prévenu le vendeur.

L'escompte, en termes ordinaires, est ce qu'un porteur d'effet ou billet de commerce paie à un banquier, ou tout autre, pour obtenir le paiement de la somme qui est prêtée, avant l'échéance de l'effet.

C'est aussi la remise qu'obtient un acheteur

du vendeur en payant de suite, ou avant le terme d'usage, le prix comptant de la marchandise achetée.

En Banque comme en commerce l'escompte est le prix d'un plus prompt paiement.

F.

Florin. Monnaie de compte, et réelle, en usage en Allemagne et en Hollande. Les florins ont différentes valeurs, par rapport aux monnaies de France.

Celui de Hollande, de 40 deniers de gros, est monnaie réelle, et vaut 2 fr. 16 cent. Les florins des États de la maison d'Autriche et de Prusse ont des valeurs différentes, comparées à celles des francs. Les tables de la valeur des monnaies font connaître ces différens rapports.

Franc. Unité monétaire qui forme la base du système monétaire de France. Le franc contient cent centimes ou dix décimes.

Le franc est monnaie de compte et monnaie réelle.

Le centime est aussi monnaie réelle, mais ne sert qu'à exprimer les fractions du franc.

G.

Gardes du Commerce. L'organisation, droits et fonctions des gardes du commerce établis dans le département de la Seine, sont déterminés par le décret du 14 mars 1808, qui en ordonne la création et fixe le nombre à dix.

Garantie (droit de). C'est ainsi qu'on nomme un droit qui se perçoit aux hôtels des monnaies pour garantir le titre et la valeur des matières d'or et d'argent mises en circulation ou dans le commerce.

Les banquiers et agens de change, qui ont le plus grand intérêt à ce que ces matières, qui entrent dans leurs opérations de banque ou de courtage, soient à l'abri de toute fraude, trouvent dans cette institution un utile secours et un motif de sécurité.

Le titre II de la loi du 19 brumaire an VI, porte ce qui suit à ce sujet :

« Il sera perçu un droit de garantie sur les ouvrages d'or et d'argent de toutes sortes, fabriqués à neuf. » (Voyez *Arguc.*)

Gramme. Poids décimal ; il est la millième

partie du kilogramme, et répond à 19 grains de la livre poids de marc.

Quatre grammes font une once et 22 grains de l'ancienne livre; on s'en sert pour remplacer l'once dans certains cas.

Grand-livre. Registre établi à la trésorerie, pour y inscrire les rentes liquidées, au nom de leurs propriétaires. (Voy. *Inscriptions de rentes.*)

Gros. Expression monétaire comme celles de *tournois*, de *sterling*, etc. C'est surtout en Hollande et dans le royaume des Pays-Bas que cette expression est en usage dans les changes.

La *livre de gros* de Hollande vaut 20 sous de gros, et chaque sou 12 deniers de gros.

La France donne le *certain* avec la Hollande, c'est-à-dire 3 fr. pour 54 deniers de gros, plus ou moins, suivant le cours du jour.

Le gros ou denier de gros d'Amsterdam représente à peu près 6 cent.

L'agio, c'est-à-dire la différence qu'il y a entre l'argent de banque et l'argent courant, en Hollande, est de 3 à 5 pour 100 en faveur de l'argent de banque. Ainsi 100 florins de banque y valent 103 à 105 florins courans.

Le florin de 20 sous courans vaut 2 francs

16 centimes de France, plus ou moins, suivant le cours.

Guinée. Monnaie d'or d'Angleterre; elle contient 21 schellings, et vaut 26 fr. 47 cent., monnaie de France.

La guinée est au titre de 917 millièmes, et pèse 8 grammes 380,2 du gramme.

H.

Hectolitre. Mesure décimale pour les liquides et matières séches, de cent litres.

L'hectolitre contient cent litres, et a $\frac{641}{1000}$ de l'ancien setier de douze boisseaux.

Le poids moyen de l'hectolitre de froment est de 75 kilogrammes.

Un setier ancien, de 12 boisseaux, répond à 1 hectolitre 560 millièmes d'hectolitre.

I.

Inscriptions. On appelle ainsi l'inscription d'un titre de rente au nom d'un propriétaire, sur le grand-livre de la dette publique.

Les inscriptions de la dette publique sont multipliées à l'infini; elles portent les noms et prénoms des créanciers du gouvernement, ainsi que le montant de la rente qui leur est due.

Cette rente se paie par semestre, savoir : le 22 mars et le 22 septembre de chaque année. Les arrérages se paient sur la quittance du porteur de l'inscription, soit à Paris, soit dans les départemens, au gré du rentier.

Les rentes sur l'État sont insaisissables, excepté pour les comptables des deniers publics. Art. 4 de la loi du 9 vendémiaire an VI. (*Voyez Rente.*)

Intérêt. En termes de banque et de commerce l'intérêt n'est autre chose que le profit que donne un capital à celui qui en est propriétaire et qui en a confié l'usage et l'emploi à un dépositaire responsable. L'intérêt est proportionné au bénéfice que celui qui le prête aurait pu en retirer. Cet intérêt varie suivant le plus ou moins de rareté des fonds, le besoin et la solvabilité de l'emprunteur. L'intérêt légal est de 5 pour 100; il est, par tolérance, de 6 pour 100 dans les transactions de banque et de commerce.

Intérêt de l'argent. L'intérêt conventionnel ne pourra excéder, en matière civile, 5 pour 100, ni en matière de commerce 6 pour 100, sans retenue.

L'intérêt légal sera, en matière civile, de 5 pour 100, et, en matière de commerce, de 6 pour 100, aussi sans retenue. (Loi du 3 septembre 1807.)

J.

Joueur à la hausse. Voici l'explication de cette expression.

Par spéculation, je vous vends 100 actions ou effets publics, sur le pied de 2,000 fr. chacune, à fournir au 1ᵉʳ août prochain, je suppose; ce jour-là l'action se trouve à 2,100 ; vous me donnez la différence, qui est de 100 fr. Celui qui a fait cette opération a intérêt, lorsqu'il contracte, à ce que les effets, sur lesquels il a spéculé, haussent : c'est le contraire pour celui qui a acheté; car, si les effets viennent à baisser au-dessous de 2,000, à 1,900 fr. par exemple, celui qui a promis de les livrer au taux de 2,000 fr., lui donne seulement 100 fr. pour chaque action ; ainsi l'acheteur a intérêt à la baisse. (Voyez *Rente.*)

Jouissance. Grande jouissance. Petite jouis-

sance. On appelle *jouissance*, en termes de bourse, les arrérages d'une inscription de rentes. Ces arrérages se paient tous les six mois. On nomme *grande jouissance* le semestre le plus près de son échéance. Le second semestre se nomme *petite jouissance*.

K.

Kilogramme ou *livre décimale*. Nom du poids qui remplace, dans le commerce, l'ancienne livre poids de marc. Le kilogramme est le poids de la millième partie d'un mètre cube d'eau distillée. Le kilogramme contient 1,000 grammes, et répond à une livre 5 onces 35 grains de la livre poids de marc.

L.

Lettre de change. Ce sont ordinairement les banquiers qui font le commerce des lettres de change ; la nature, les conditions et les formes de cette espèce de contrat sont spécifiées dans le titre VIII du *Code de Commerce*. La lettre de change est un engagement que prend un négociant ou banquier, appelé *tireur*, de faire payer au porteur de ce titre une somme d'argent dans une place de commerce différente de celle d'où la lettre émane. C'est donc un transport de fonds fait entre deux personnes, savoir : le *tireur* et celui au profit de qui la lettre est *tirée*, et qui en devient propriétaire par la valeur qu'il en donne. La jurisprudence établie veut que la lettre de change soit tirée de place en place, sans cela ce n'est qu'un simple mandement.

Liquidation. C'est l'époque du terme des marchés fermes, et où ils se liquident. La *liquidation* se fait depuis le dernier jour du mois jusqu'au 5 du suivant.

Litre. Nouvelle mesure décimale; c'est la centième partie de l'hectolitre, mesure de capacité.

Le *litre* répond à 1 litron 23 centièmes de litron de l'ancien boisseau. Ainsi le litre fait à peu près un litron et pas tout-à-fait un quart de l'ancien litron.

Le *litre*, pour les liquides comme le vin, la bière, etc., répond à une pinte $\frac{74}{1000}$ de pinte; c'est, comme on voit, une pinte et un onzième de pinte à peu près.

M.

Maire. Chef de la municipalité d'une ville ou

d'une commune. Dans les villes où il y a des bourses de commerce, le maire en a la police et fait les réglemens pour y maintenir l'ordre.

Marchés au comptant. Terme de bourse qui désigne les achats ou ventes de rentes qui se font entre deux et trois heures, et qui sont annoncés et cotés par le crieur.

Ces achats se font par le ministère d'un agent de change ainsi que les ventes. (*Voyez Bourse de Paris.*)

Marché ferme ou *à terme.* On appelle ainsi à la Bourse de Paris, un achat ou une vente de rente dont le paiement ou la livraison ne doit avoir lieu qu'à une époque déterminée; cette époque est ordinairement pour la fin du mois dans lequel se passe le marché ou pour la fin du suivant. Le *marché ferme* est opposé au *marché libre.* (*Voyez ce mot.*)

Marché libre ou *à prime.* Expression dont on se sert à la Bourse pour désigner une transaction par laquelle un agent de change s'engage, moyennant une prime qu'il reçoit, de livrer ou de recevoir pour une certaine valeur des rentes à un certain prix, et à une époque stipulée, avec liberté, néanmoins, au vendeur de ne les point livrer s'il le trouve à propos, en perdant seulement la prime.

On appelle ces marchés *libres*, parce que moyennant la prime donnée, le marché est solide ou nul selon le cours des rentes, et la volonté de celui qui a donné la prime. Il est *solide* si le cours des effets publics, des rentes par exemple, est au-dessus du prix de l'acquisition; il est *nul* s'il est au-dessous; et il dépend de la *volonté* du donneur de prime, parce qu'en faisant l'abandon de celle-ci, il a la faculté d'anéantir le marché.

Ainsi dans les marchés libres ou à prime, l'acquéreur reste libre de consolider l'opération ou de l'anéantir à sa volonté, moyennant une prime ou des arrhes qu'il paie d'avance.

Matières d'or et d'argent. La loi du 19 brumaire an VI a établi des bureaux de garantie, où les matières d'or et d'argent, mises dans le commerce, sont soumises à une épreuve pour en constater le titre et la valeur.

Un arrêté du Directoire, du 15 prairial de la même année, a fixé les villes suivantes pour y établir des bureaux de cette espèce, en exécution de la précédente loi.

Noms des départemens.	Communes où sont placés les bureaux.
Ain.	Trévoux.
Aisne.	Laon.
	Soissons.
Allier.	Moulins.
Basses-Alpes.	Digne.
Hautes-Alpes.	Gap.
Alpes maritimes.	Nice.
Ardêche.	Aubenas.
Ardennes	Mézières.
Arriège.	Foix.
Aube.	Troyes.
Aude.	Carcassonne.
Aveyron.	Rhodès.
Bouches-du-Rhône.	Marseille.
	Aix.
	Tarascon.
Calvados.	Caen.
Cantal.	Aurillac.
Charente.	Angoulême.
Charente-Inférieure.	La Rochelle.
	Saintes.
Cher.	Bourges.
Corrèze.	Tulle.

Noms des départemens.	Communes où sont placés les bureaux.
Côtes-du-Nord.	Port-Brieux.
Côte-d'Or.	Dijon.
	Semur.
Creuse.	Guéret.
Dordogne.	Périgueux.
Doubs.	Besançon.
Drôme.	Valence.
Eure.	Evreux.
	Louviers.
Eure-et-Loir.	Chartres.
Finistère.	Quimper.
	Brest.
Gard.	Nismes.
	Alais.
Haute-Garonne.	Toulouse.
Gers.	Auch.
Gironde.	Bordeaux.
Hérault.	Montpellier.
Ille-et-Vilaine.	Rennes.
	Port-Malo.
Indre.	Châteauroux.
Indre-et-Loire.	Tours.
Isère.	Grenoble.

Noms des départemens.	Communes où sont placés les bureaux.
Jura.	Lons-le-Saunier.
Landes.	Mont-de-Marsan.
Loire-et-Cher.	Blois.
Loire.	Mont-Brisson.
Haute-Loire.	Puy-en-Velay.
Loire-Inférieure.	Nantes.
Loiret.	Orléans.
Lot.	Cahors.
	Montauban.
	Figeac.
Lot-et-Garonne.	Agen.
Lozère.	Mende.
Maine-et-Loire.	Angers.
Manche.	Saint-Lo.
	Valogne.
Marne.	Châlons.
	Reims.
Haute-Marne.	Chaumont.
	Langres.
Mayenne.	Laval.
Meurthe.	Nancy.
	Lunéville.
Meuse.	Bar-sur-Ornain.

Noms des départemens.	Communes où sont placés les bureaux.
Meuse.	Verdun.
Morbihan.	Vannes.
Moselle.	Metz.
Nièvre.	Nevers.
Nord.	Lille.
	Valenciennes.
	Dunkerque.
Oise.	Beauvais.
Orne.	Alençon.
Pas-de-Calais.	Arras.
	Saint-Omer.
Puy-de-Dôme.	Clermont-Ferrand.
Basses-Pyrénées.	Pau.
	Bayonne.
Hautes-Pyrénées.	Tarbes.
Pyrénées-Orientales.	Perpignan.
Bas-Rhin.	Strasbourg.
Haut-Rhin.	Colmar.
Rhône.	Lyon.
Haute-Saône.	Vesoul.
Saône-et-Loire.	Mâcon.
Sarthe.	Le Mans.
Seine.	Paris.

Noms des départemens.	Communes où sont placés les bureaux.
Seine-Inférieure.	Rouen.
	Dieppe.
	Havre.
Seine-et-Marne.	Melun.
Seine-et-Oise.	Versailles.
Deux-Sèvres.	Niort.
	Thouars.
Somme.	Amiens.
Tarn.	Castres.
Var.	Toulon.
	Grasse.
Vaucluse.	Avignon.
Vendée.	Fontenay-le-Peuple.
Vienne.	Poitiers.
Haute-Vienne.	Limoges.
Vosges.	Épinal.
Yonne.	Auxerre.
	Sens.

(Voyez *Garantie*, *Affinage*, *Argue*.)

Monnaie de change ou de compte. La monnaie se divise en monnaie réelle et monnaie de change ou de compte.

La monnaie réelle comprend les espèces

d'or et d'argent, de billon et de cuivre, qui ont cours dans le royaume. La monnaie de change est un nom collectif ou de compte. Il exprime une quantité plus ou moins considérable de monnaie réelle.

En France, où l'unité monétaire existe en une pièce effective, qui est le franc, elle est à la fois monnaie réelle et monnaie de compte ou de change ; mais dans beaucoup d'autres États, il n'en est pas ainsi. En Hollande, par exemple, on a adopté pour les négociations du change la *livre de gros* qui n'existe en aucune monnaie réelle, mais qui représente six florins monnaie réelle du pays. (Voyez *Unité monétaire.*)

Monnaies de cuivre et de billon. L'introduction de diverses monnaies de cuivre et de billon venant de l'étranger, est prohibée, sous les peines portées par les lois concernant les marchandises prohibées à l'entrée du territoire français.

Elles ne peuvent être admises dans les caisses publiques en paiemens de droits et contributions, de quelque nature qu'ils soient, payables en numéraire. (Décret du 11 mai 1807.)

Monnaie d'Italie. Un décret du 24 janvier 1807, ordonne que les monnaies d'or et d'argent frappées dans les hôtels des monnaies du royaume d'Italie, avec le titre et le poids prescrits par le décret du 21 mars 1806, auront cours pour leur valeur nominale, en France.

N.

Négociation, en termes de bourse, sont les propositions, demandes et livraisons pour ventes et achats de rentes et effets publics, que les agens de change y font.

Les négocians ont également la faculté d'y faire des négociations pour leur compte.

Négociation des lettres de change. C'est, en termes de banque, l'estimation du prix ou d'achat, c'est-à-dire de la traite ou remise d'une lettre de change sur une place, d'après la valeur respective des monnaies au cours du jour où se fait la négociation.

Cette négociation s'effectue ordinairement par le ministère des agens de change, et c'est d'eux que les banquiers prennent au cours le papier sur l'étranger.

Le courtage des agens de change est, en pareil cas, de $\frac{1}{8}$ pour 100, sauf convention contraire. Dans cette opération l'agent de change ne parle jamais que de l'*incertain* (voyez *ce mot*), lorsqu'il propose du papier à un négociant ou à un banquier, parce que l'habitude journalière des négociations rend tellement le *certain* familier (voyez *ce mot*), qu'il est toujours sous-entendu; ainsi lorsqu'un agent de change dit : Voulez-vous prendre ou donner de l'Amsterdam à 54; du Londres à 23 fr. 5o c.? C'est comme s'il disait : Voulez-vous du papier sur Amsterdam, à 54 deniers de gros pour 3 fr., ou du papier sur Londres à 23 fr. 5o c. pour 1 liv. sterling ?

O.

Obligations de l'emprunt d'Espagne. (Voyez *Emprunt d'Espagne.*)

Obligations de la ville de Paris. Effets publics qui se négocient à la Bourse. Par ordonnance royale du 14 mai 1817, la ville de Paris a été autorisée à émettre 33,000 actions au porteur de 1000 fr. chacune, avec intérêt de 6 pour 100, payable par trimestre sur les coupons qui y sont annexés, à la caisse municipale. Ce sont ces 33,000 actions qui portent le nom d'obligations de la ville de Paris; elles sont remboursables en douze ans, à partir du 1er octobre 1817.

Offre et demande, sont deux expressions dont on se sert ponr connaître le cours des fonds. L'*offre* est le prix auquel on désire vendre, et la *demande* celui auquel on veut acheter. Ainsi le taux moyen entre l'*offre* et la *demande* fixe ordinairement le cours.

P.

Pair de change. C'est le rapport fixe d'égalité qui existe entre la valeur intrinsèque de deux monnaies de différens pays; ce rapport est opposé à celui qu'on nomme le *cours de change*, et qui varie suivant quelques circonstances, et le plus ou moins de demandes que l'on fait à la Bourse, des monnaies étrangères. (Voyez *Change.*)

Perte à la lettre. C'est l'opposé de *bénéfice à la lettre*, expressions dont on se sert quelquefois dans le commerce de banque.

L'expression *bénéfice à la lettre* signifie que le preneur de la lettre de change a compté au donneur le principal, plus le bénéfice du change. Soit une lettre de change de 4000 fr. à 1 pour 100 de bénéfice, on aura pour la lettre de change 4,000 fr., et pour le bénéfice 40 fr.; le preneur donnera donc pour la lettre 4,040 fr., et le banquier recevra cette somme.

La perte à la lettre est l'opposé, c'est-à-dire que, dans le cas où le bénéfice n'aurait pas lieu, la perte serait de 40 fr., et la lettre de change ne vaudrait que 3,960 fr.

Petit grand-livre. C'est le nom que portent les livres auxiliaires du *grand-livre* de la dette publique; il en est ouvert un auprès de chaque receveur-général de département, où sont nominativement inscrits les rentiers propriétaires d'inscriptions.

Piastre. Monnaie réelle d'argent d'Espagne.

La piastre est de vingt réaux de veillon (voyez *Réal*), et vaut 5 fr. 45 c. de France.

Pistole. Monnaie d'Espagne; elle vaut 4 piastres ou 34 réaux de plate; c'est une monnaie réelle qui répond à 21 fr. 98 cent., monnaie de France.

Cette pistole est le *certain* que donne l'Espagne; c'est avec elle que s'évalue le change entre Madrid et Paris. Il est question ici de la pistole d'or; il y en a d'une valeur proportionnée au poids et à la qualité du métal. (Voyez *Réal.*)

Portatif. L'administration a fixé les formes que doivent avoir les registres portatifs destinés à inscrire le commerce des marchands d'eau-de-vie, de vin, et des brasseurs vendant en gros.

C'est une des pièces principales, la base des actes et le titre en quelque sorte dont font usage les employés dans la perception et la recherche des contraventions.

Préfet de police. Le préfet de police de Paris, institué par la loi du 28 pluviose an VIII, et l'arrêté du 12 messidor même année, a, par l'arrêté du 29 germinal an IX, la direction et police des agens de change à la Bourse de Paris. (Voyez *Syndic des agens de change.*)

Prévaloir (se). On emploie ce terme dans le commerce des lettres de change, pour dire que l'on tire sur quelqu'un pour se rembourser de ce qu'on a payé ou avancé pour son compte, ou pour compte d'autrui.

Prime, signifie les arrhes qui se donnent dans les *marchés libres.* (Voyez *ce mot.*)

Prime d'assurance. C'est la somme qu'un marchand ou toute autre personne paie pour s'assurer le remboursement des pertes qu'il pourrait éprouver dans une entreprise ou un placement de fonds quelconque.

Protêt. Acte de sommation faite par un notaire ou huissier à un banquier, marchand ou autre, d'accepter une lettre de change tirée sur lui par un correspondant, ou bien quand le terme du paiement est échu, et que celui qui l'a acceptée refuse de payer; le protêt est alors une sommation au marchand ou banquier de l'acquitter. Il y a deux sortes de protêt, l'un faute d'acceptation, l'autre faute de paiement.

Les formalités relatives à l'un ou à l'autre protêt sont réglées par les articles 173 et 174 du Code de Commerce.

R.

Réal, réaux. Monnaie de basse valeur d'Espagne.

Le *réal de deux*, ou piécette, est une monnaie d'argent; il vaut 4 réaux de veillon ou de cuivre.

Le réal de veillon, ou $\frac{1}{10}$ de piastre de 34 maravédis, vaut 27 centimes.

Rechange. C'est le prix d'un nouveau change dû après le protêt d'une lettre de change.

Pour entendre ceci, supposons que le porteur d'une lettre de change, après l'avoir fait protester faute d'acceptation ou de paiement, ait besoin de la somme portée par la lettre; il la prend d'un autre banquier, dans le lieu où le paiement de la lettre protestée devait être fait; il paie à ce banquier le prix du change, et lui donne une lettre de crédit ou une autre lettre de change sur une place de commerce. Ce second change, ou ce *rechange*, est une nouvelle dépense dans laquelle on a constitué le porteur, et qui doit être acquittée par le tireur de la lettre. « Le rechange se règle, à l'égard du tireur, par le cours du change du lieu où la lettre de change était payable, sur le lieu d'où elle a été tirée. » *Code de Commerce*, art. 179. (Voyez *Retraite*.)

Reconnaissance de liquidation. Nom d'un effet public, qui se négocie à la Bourse, et dont voici l'origine.

Les reconnaissances de liquidation, créées par les lois des 28 avril 1816 et 25 mars 1817, se composent de la masse de l'arriéré des exercices 1810, 1811, 1812, 1813, 1814 et 1815. Ces arriérés, reconnus et liquidés par les divers ministères auxquels ils appartiennent, se convertissent en *reconnaissances de liquidation*, qui deviennent alors le titre régulier de chaque créancier de l'État; elles portent un intérêt de 5 pour 100 par année comme les rentes. (Voyez *Arriéré*.)

Remettre. En termes de banque, signifie acheter; *tirer*, signifie vendre.

Ainsi, quand on dit d'un banquier qu'il *remet* des lettres de change sur une place, c'est comme si on disait qu'il achète des lettres de change sur cette place; et quand on dit qu'il *tire* des lettres de change sur cette place, c'est comme si on disait qu'il vend des lettres de change sur cette même place.

En effet, pour *remettre* cent livres sterling de Paris à Londres, ou donner une lettre de change de cette valeur, et en monnaie anglaise sur Londres, il faut que le banquier achète une lettre de change de cette somme, qu'il paie à Paris en monnaie de France.

Pour *tirer* au contraire cent livres sterling de Paris sur Londres, c'est vendre à Paris une lettre de change de cette somme, dont on reçoit le montant en monnaie de France.

Rente. On entend, en général, par ce mot, le produit d'un fonds ou capital quelconque. A la Bourse, ce nom est appliqué aux inscriptions de la dette publique, connues sous le nom de 5 pour 100 consolidés, ou tiers consolidé. (Voyez *Tiers consolidé*, et *Cinq pour cent*.)

Rente au comptant. On nomme ainsi les rentes qui se vendent et s'achètent au comptant à la criée, depuis deux heures jusqu'à trois, et dont les divers cours sont cotés dans les journaux.

Report. On appelle report, en termes de bourse, le marché ou convention faite entre l'acquéreur et le vendeur d'une rente ou effet public, qui reporte l'opération conclue pour la fin d'un mois au mois suivant. Les marchés fermes (voyez ce *mot*) peuvent seuls se reporter. Les marchés libres (voyez ce *mot*) n'ont pas la même faculté, parce qu'ils portent avec eux une clause résolutoire. Les reports servent à prolonger le marché, soit en hausse, soit en baisse. Ceci a besoin d'explication.

Lorsque j'ai fait une spéculation à la hausse (voyez *Joueur à la hausse*) à terme, et que je désire prolonger mon opération à l'échéance de ce terme, je fais vendre les effets ou rentes

que j'ai acquis au cours qui a lieu à cette époque, et les fais racheter en même temps à la fin
du mois qui suit. S'il existe une différence entre
mon premier prix d'acquisition et la vente, je
la dois de suite, si elle est à mon désavantage,
comme elle m'est due dans le cas contraire. Si
je désire prolonger mes spéculations à la baisse,
je fais racheter à l'époque du terme du marché
les rentes par moi vendues dans le courant du
mois, et les fais revendre à la fin de celui qui
va suivre. La différence entre le prix de vente
et d'achat se liquide de suite.

On peut, au moyen des reports, suivre une
opération de bourse aussi long-temps qu'on le
désire.

Il résulte de cette explication qu'il y a deux
reports, l'un qu'on nomme *report du comptant*,
qui a lieu à la fin de chaque mois, et consiste
dans la liquidation de la différence existante dans
le prix de la rente au comptant et celui *de la
rente fin courant;* et un report d'un mois à
l'autre, qui consiste dans le prix de la rente fin
courant, et celui de la rente fin prochain.

On appelle encore *report sur prime* l'achat
fin courant d'une certaine quantité de rentes

fermes que l'on revend ensuite à terme fin prochain.

Le report qui reporte un marché ferme de la fin d'un mois à la fin du suivant est donc un moyen employé pour prolonger une opération.

On nomme aussi *report* la différence qui existe entre le cours du comptant et celui de la fin du mois.

Rouble-papier, rouble effectif. Expressions qui désignent des monnaies de Russie. Le rouble-papier vaut moins que le rouble effectif; le second vaut intrinsèquement 4 fr.; et le rouble-papier, qui est un papier-monnaie de Russie, n'est coté, au cours du change, qu'à 100 et 120 centimes.

Syndic des agens de change. C'est un agent de change choisi, à la majorité des suffrages, par les autres agens de change, pour exercer une police intérieure à la Bourse, rechercher les contraventions aux lois et réglemens, et les faire connaître à l'autorité publique. Il a six adjoints.

T.

Tiers consolidé. Nom que portent les rentes 5 pour 100. L'expression de *consolidé* vient de la réduction qui a été faite des deux tiers de la dette publique par la loi du 9 vendémiaire an VI, qui n'a reconnu de légitimement dû que le troisième tiers de cette dette.

Tireur. En termes de banque et de commerce, c'est celui qui délègue, au moyen d'une lettre de change, son droit à un tiers sur une somme ou un crédit qu'il a chez un autre banquier ou négociant.

Titre des matières d'or et d'argent. On donne ce nom à la proportion du métal fin à l'alliage dans la fabrication des monnaies d'or et d'argent; plus il y a de *fin* et moins d'alliage, plus, à poids égal, une monnaie a de valeur par rapport à une autre.

C'est donc d'après le titre et le poids des pièces de monnaie qu'on en estime la valeur, par rapport aux autres monnaies.

Anciennement, le titre de l'argent s'exprimait en deniers, celui de l'or en karats. On supposait le marc d'argent divisé en douze deniers, et moins il y avait d'alliage, plus le lingot était fin; il en était de même de l'or: le marc était supposé divisé en 24 karats, et le fin s'estimait par le rapport du métal fin à l'alliage qu'il contenait. Cette évaluation avait lieu pour l'évaluation des monnaies.

Aujourd'hui, le titre s'exprime par des nombres décimaux.

Les monnaies d'or de France, ainsi que celles d'argent, sont au titre d'un dixième d'alliage, et $\frac{9}{10}$ de métal pur.

La tolérance du titre légal, soit en dessus, soit en dessous, est de $\frac{2}{1000}$ sur l'or et $\frac{3}{1000}$ sur l'argent.

La proportion de l'or à l'argent est de 15,5, c'est-à-dire qu'on a 15 kilogrammes $\frac{5}{100}$ de kilogramme en argent pour un kilogramme d'or.

Tolérance. En termes de monnaies, ce mot désigne ce qu'on passe à la fabrique au-dessous ou au-dessus du titre légal, et du poids de la pièce. Ainsi, il y a deux tolérances, celle du titre et celle du poids.

La tolérance du titre, soit au-dessus ou au-dessous du titre de $\frac{9}{10}$ de fin sur $\frac{1}{10}$ d'alliage, est de $\frac{2}{1000}$ sur l'or et $\frac{3}{1000}$ sur l'argent, c'est-à-dire que s'il y a cette différence, par rapport au titre légal, la pièce est d'aloi.

La tolérance de poids est celle qui exprime ce que pèse une pièce, soit d'or ou d'argent, au-dessous ou au-dessus du poids légal, sans perdre de sa valeur dans le commerce. (Voyez *Titre*.)

Traites du trésor public. Un décret du 11 janvier 1808 porte : « Vu l'arrêté du 19 messidor an XI, relatif au mode d'envoi des fonds destinés aux colonies, celui du 3 thermidor même année, relatif aux traites affectées au service des arrondissemens maritimes; les articles 155, 187 et 189 du Code de Commerce, etc.

« Art. 1er. Les traites du caissier général du trésor public sur lui-même, transmissibles à un tiers, en paiement, par un agent du trésor public spécialement autorisé à cet effet, sont assimilées aux lettres de change du commerce, tant pour le délai après lequel elles sont frappées de péremption, que pour la durée du cautionnement qui pourrait être exigé du propriétaire, lequel aurait, en vertu de jugement, obtenu le paiement sans la présentation des originaux desdites traites, en cas que ces originaux fussent adirés.

« Art. 2. Les dispositions des articles 155, 187 et 189 du Code de Commerce, leur sont en conséquence déclarées applicables.

« Néanmoins, les cinq années qui requièrent la prescription ne courront que de la date de la transmission faite par le payeur du trésor à la partie prenante. »

Transfert, est l'acte qui transporte une inscription sur le grand-livre d'un individu à un autre. Il se fait au trésor public, et doit être signé par le vendeur, l'agent de change, et le directeur du grand-livre de la dette publique.

Transfert des rentes. C'est le transport de la propriété d'une inscription sur le grand-livre, que celui qui la possède fait à une autre personne par l'intermédiaire d'un agent de change. Le transfert des actions de la Banque de France, et en général de tous les effets inscrits sur un registre public, se fait de même. On substitue le nom du nouvel acquéreur de l'effet vendu à celui qui en était précédemment propriétaire. (Voyez *Rente*.)

U.

Unité monétaire. Monnaie de compte, ou réelle, à laquelle se rapportent les autres dénominations monétaires pour en exprimer des multiples ou des fractions. Ainsi, en Angleterre, l'unité monétaire est la *livre sterling*; en

France, c'est le *franc* aujourd'hui, comme était la *livre tournois* autrefois; en Hollande, c'est la *livre de gros*, etc. (Voyez *Monnaie*.)

Usance. Terme de banque et de commerce, qui désigne un temps plus ou moins long, au bout duquel on doit demander le paiement d'une lettre de change.

L'usance, en France, est comptée pour trente jours, non compris celui de la date. On tire à une ou plusieurs usances, comme à un ou plusieurs jours de vue.

Les effets à plusieurs jours de vue ne sont payables qu'à partir du moment où ils ont été *visés*, c'est-à-dire présentés ou acceptés par celui qui doit les solder. S'ils ont été présentés ou visés le 10, ils doivent être payés le 15, à moins que ce ne soit une fête ou dimanche, et, dans ce cas, ils sont payables la veille.

L'usance pour les lettres de change tirées de France et d'Angleterre sur Amsterdam est de 30 jours de date; de Dantzick, de 40 jours; de Kœnisberg, de 81 jours; d'Ausbourg et autres places d'Allemagne, de Vienne, de Francfort, de 14 jours de vue; d'Italie, d'Espagne, de Portugal, de 60 jours de date.

V.

Veillon. Ce mot, en espagnol, signifie cuivre. Le réal de veillon est une basse monnaie d'Espagne. Il y a des maravédis de veillon, dont 2,048 font la pistole de plate ou d'argent.

Vente de rentes à livrer. Terme de bourse. La vente de rentes à livrer diffère de la *vente à découvert.* Dans la vente à livrer, le vendeur est censé posséder l'inscription au moment de sa vente. Dans la vente à découvert, jamais il ne la possède.

Le mot découvert signifie la même chose que lorsque dans un compte de commerce on dit qu'on est à découvert d'une somme, pour dire qu'elle manque.

FIN DU VOCABULAIRE.

TABLE DES MATIÈRES.

A.

L.

M.

N.

FIN.

DE L'IMPRIMERIE DE CRAPELET,
rue de Vaugirard, n° 9.

COLLECTION DE MANUELS

FORMANT UNE

ENCYCLOPÉDIE

DES

SCIENCES ET ARTS,

FORMAT IN-DIX-HUIT ;

PAR UNE RÉUNION DE SAVANS ET DE PRATICIENS;

M. AMOROS, directeur du Gymnase; ARSENNE, peintre, BOI-TARD, natural.; CHORON, dir. de l'inst. roy. de musiq.; FERDI-NAND DENIS; JULIA-FONTENELLE, prof. de chim.; HUOT, natu-raliste; LACROIX, membre de l'Institut; LAUNAY, fondeur de la colonne de la place Vendôme; SÉBASTIEN LENORMAND, profess. de technologie; LESSON, naturaliste; PERROT, membre de la société royale académique des sciences; PEUCHET; RIFFAULT, ancien directeur des poudres et salpêtres; TERQUEM, professeur aux Écoles royales; TOUSSAINT, architecte; VERGNAUD, an-cien élève de l'Ecole Polytechnique, etc., etc.

DEPUIS que les Sciences exactes ont, par leur application à l'A-griculture et aux Arts, contribué si puissamment au développe-ment de l'Industrie agricole et de l'Industrie manufacturière, leur Etude est devenue un besoin pour toutes les classes de la société; les Mathématiques, la Physique, la Chimie, sont des

sciences qu'il n'est plus permis d'ignorer ; aussi les Traités de
genre sont-ils aujourd'hui dans les mains des Artisans et de
celles des Gens du Monde. Mais on a généralement reconnu q
la cherté de ces sortes de livres est un grand empêchement à l
propagation, et que la rédaction n'a pas toujours la clarté et
simplicité nécessaires pour faire pénétrer promptement dans l'e
prit les principes qu'ils exposent. C'est pour remédier à ces d
inconvéniens que nous avons entrepris de publier, sous le titre
Manuels, des Traités vraiment élémentaires, dont la réuni
formera une Encyclopédie portative des Sciences et des Ar
dans laquelle les Agriculteurs, les Fabricans, les Manufacturi
et les Ouvriers en tout genre, trouveront tout ce qui les concer
et par là seront à même d'acquérir à peu de frais toutes les co
naissances qu'ils doivent avoir pour exercer avec fruit leur pr
fession.

Les Professeurs, les Elèves, les Amateurs et les Gen
Monde pourront y puiser des connaissances aussi solides qu'i
structives.

Plusieurs de nos Manuels sont arrivés en peu de temps à p
sieurs éditions; un si grand nombre est une preuve évidente de l
utilité : aussi sommes-nous décidés à en continuer la publica
avec toute la célérité possible ; la rédaction des volumes à
paraître est fort avancée, et nous croyons pouvoir promettre q
cette intéressante Collection sera terminée avant peu.

La meilleur preuve que nous puissions donner de l'utilité
la bonté de cette Encyclopédie populaire, c'est le succès pr
gieux des divers traités parus et les éloges qu'en ont faits
journaux.

Cette entreprise étant toute philanthropique, les personne
auraient quelque chose à faire parvenir dans l'intérêt des Scie
et des Arts, sont priées de l'envoyer *franco* à M. le *Directe*
l'Encyclopédie in-18, chez RORET, Libraire, rue Hautefe
au coin de celle du Battoir, à Paris.

Tous les Traités se vendent séparément. Un grand nomb
en vente; les autres paraîtront successivement. Pour les rec
franc de port on ajoutera 50 centimes par volume in-18.

LIBRAIRIE ENCYCLOPÉDIQUE

DE RORET,

RUE HAUTEFEUILLE, AU COIN DE LA RUE DU BATOIR,

Comme il y a à Paris deux Libraires du nom de RORET, *l'on est prié de bien indiquer l'adresse.*

MANUEL D'ALGÈBRE, ou Exposition élémentaire des principes de cette science, à l'usage des personnes privées des secours d'un maître; par M. TERQUEM, docteur ès sciences, officier de l'Université, professeur aux Écoles royales, etc. Un gros volume. 3 fr. 50 c.

DE L'AMIDONNIER ET DU VERMICELLIER, auquel on a joint tout ce qui est relatif à la fabrication des produits obtenus de la pomme de terre, les marrons d'Inde, les châtaignes, et toutes les autres plantes connues pour contenir quelque substance amilacée ou féculente, par M. MORIN. Un vol. orné de planches. 3 fr.

D'ARCHITECTURE, ou Traité général de l'art de bâtir; par M. TOUSSAINT, architecte. Deux gros volumes ornés d'un grand nombre de planches. 7 fr.

D'ARPENTAGE, ou Instruction sur cet art et sur celui de lever les plans; par M. LACROIX, membre de l'Institut. *Nouvelle édition.* Un volume orné de planches. 2 fr. 50 c.

D'ARITHMÉTIQUE DÉMONTRÉE, à l'usage des jeunes gens qui se destinent au commerce, et de tous ceux qui désirent se pénétrer de cette science; par M. COLLIN, et revu par M. ****, ancien élève de l'Ecole polytechnique. Un volume. 2 fr. 50 c.

DE L'ARTIFICIER, ou l'Art de faire toutes sortes de feux d'artifice à peu de frais, et d'après les meilleurs procédés, contenant les Élémens de la Pyrotechnie civile et militaire, leur application pratique à tous les artifices connus jusqu'à ce jour, et les nouvelles combinaisons fulminantes; par M. VERGNAUD, capitaine d'artillerie. 2e *édition.* Un vol. orné de planches. 3 fr.

D'ASTRONOMIE, ou Traité élémentaire de cette science, dans l'état actuel de nos connaissances, contenant l'Exposé complet du Système du Monde, basé sur les travaux les plus récens et les résultats qui dérivent des recherches de M. Pouillet, sur la température du soleil, et de celles de M. ARAGO sur la nature de la partie extérieure de cet astre; par M. BAILLY, membre de plusieurs sociétés savantes. 3e *édition.* Un volume orné de planches. 2 fr. 50 c.

MANUEL DU BANQUIER, DE L'AGENT DE CHANGE ET DU COURTIER, contenant les lois et règlemens qui s'y rapportent, les diverses opérations de change, courtage et négociations des effets à la Bourse ; par M. PEUCHET. Un vol. 2 fr. 50 c.

— **DU BONNETIER ET DU FABRICANT DE BAS**, ou Traité complet et simplifié de ces arts, par MM. V. Leblanc et Préaux-Caltot. Un vol. orné de planches. 3 fr.

— **DE BOTANIQUE**, contenant les principes élémentaires de cette science, la Glossologie, l'Organographie et la Physiologie végétale, la Phytothérosie, l'Analyse de tous les systèmes tant naturels qu'artificiels, faits sur la distribution des plantes depuis Aristote jusqu'à ce jour ; et le développement du système des familles naturelles ; par M. BOITARD. *Deuxième édit.* Un vol. orné de planch. 3 fr. 50 c.

— **DE BOTANIQUE**, deuxième partie, **FLORE FRANÇAISE**, ou Description synoptique de toutes les plantes phanérogames et cryptogames qui croissent naturellement sur le sol français, avec les caractères des genres des agames et l'indication des principales espèces ; par M. BOISDUVAL. Trois gros vol. 10 fr. 50 c.

ATLAS DE BOTANIQUE, composé de 120 planches, représentant la plupart des plantes décrites dans l'ouvage ci-dessus. Prix, figures noires, 18 fr. Figures coloriées, 36 fr.

MANUEL DU BOTTIER ET DU CORDONNIER, ou Traité complet de ces arts ; par M. MORIN. Un vol. orné de pl.

— **BIOGRAPHIQUE**, ou Dictionnaire historique abrégé des Grands Hommes ; par M. JACQUELIN, et revu par M. NOEL, inspecteur général des études. Deux vol. 6 fr.

— **DU BOULANGER, DU NÉGOCIANT EN GRAINS, DU MEUNIER ET DU CONSTRUCTEUR DE MOULINS**, *Deuxième édition*, entièrement refondue par MM. JULIA DE FONTENELLE et BENOIST. Un gros volume orné de planches. 3 fr. 50 c.

— **DU BRASSEUR**, ou l'Art de faire toutes sortes de bières, contenant tous les procédés de cet art ; traduit de l'anglais d'ACCUM, par M. RIFFAUT. *Deuxième édition*, revue, corrigée et augmentée. Un volume. 2 fr. 50 c.

— **DE CALLIGRAPHIE**, Méthode complète de CARSTAIRS, dite Américaine, ou l'ART D'ÉCRIRE EN PEU DE LEÇONS par des moyens prompts et faciles, trad. de l'anglais par M. TRENTEL, accompagné d'un Atlas renfermant un grand nombre de modèles mis en français. *Nouvelle édition.*

— **DU CARTONNIER, DU CARTIER ET DU FABRICANT DE CARTONNAGE**, ou l'Art de faire toutes sortes de cartons, cartonnages et de cartes à jouer, contenant les meilleurs procédés pour gauffrer, colorier, vernir, dorer, couvrir en paille, etc., les ouvrages en carton ; par M. LEBRUN, de plusieurs sociétés savantes. Un vol. orné d'un grand nombre de figures.

MANUEL DU CHARPENTIER, ou Traité complet et simplifié de cet Art; par MM. HANUS ET BISTON (VALENTIN). 2ᵉ édition. Un vol. orné de 12 planches.   3 fr. 50 c.

— **DU CHAMOISEUR, MAROQUINIER, PEAUSSIER ET PARCHEMINIER**, contenant les procédés les plus nouveaux, toutes les découvertes faites jusqu'à ce jour, et toutes les connaissances nécessaires à ceux qui veulent pratiquer ces Arts, par M. DESSABLES. Un vol. orné de planches.   3 f.

— **DU CHANDELIER ET DU CIRIER**, suivi de l'Art du fabricant de cire à cacheter; par M. SÉBASTIEN LENORMAND, professeur de technologie, etc. Un gros vol. orné de planch. 3 fr.

— **DU CHARCUTIER**, ou l'Art de préparer et de conserver les différentes parties du cochon, d'après les plus nouveaux procédés, précédé de l'art d'élever les porcs, de les engraisser et de les guérir; par une réunion de Charcutiers, et rédigé par madame CELNART. Un vol.   2 fr. 50 c.

— **DU CHASSEUR**, contenant un Traité sur toutes les chasses; un vocabulaire des termes de vénerie, de fauconnerie et de chasse; les lois, ordonnances de police, etc., sur le port d'armes, la chasse, la pêche, la louveterie. *Quatrième édition.* Un volume, avec figures et musique.   3 fr.

— **DU CHAUFOURNIER**, contenant l'Art de calciner la pierre à chaux et à plâtre, de composer toutes sortes de mortiers ordinaires et hydrauliques, cimens, pouzzolanes artificielles, bétons, mastics, briques crues, pierres et stucs, ou marbres factices propres aux constructions; par M. BISTON. Un gros vol.   3 fr.

— **DE CHIMIE**, ou Précis élémentaire de cette science, dans l'état actuel de nos connaissances; par M. RIFFAULT. *Troisième édition*, revue, corrigée et très-augmentée, par M. VERGNAUD. Un gros vol. orné de figures.   3 fr. 50 c.

— **DE CHIMIE AMUSANTE**, ou nouvelles Récréations chimiques, contenant une suite d'expériences curieuses et instructives en chimie, d'une exécution facile, et ne présentant aucun danger; par FRÉDÉRIC ACCUM; suivi de notes intéressantes sur la Physique, la Chimie, la Minéralogie, etc., par SAMUEL PARKES. Traduit de l'anglais, par M. RIFFAULT. *Troisième édition*, revue par M. VERGNAUD. Un vol. orné de figures.   3 fr.

ART DE SE COIFFER SOI-MÊME, enseigné aux dames, suivi du MANUEL DU COIFFEUR, précédé de préceptes sur l'entretien, la beauté et la conservation de la chevelure, etc., etc., par M. VILLARET. Un joli volume.   2 fr. 50 c.

MANUEL DE LA BONNE COMPAGNIE, ou Guide de la politesse des égards, du bon ton et de la bienséance. *Cinquième édition.* Un volume.   2 fr. 50 c.

— **DU CONSTRUCTEUR DE MACHINES A VAPEUR**

par M. JANVIER, officier au corps royal de la marine. Un volume orné de planches.   2 fr. 50 c.

MANUEL POUR LA CONSTRUCTION ET LE DESSIN DES CARTES GÉOGRAPHIQUES, contenant des considérations générales sur l'étude de la géographie, l'usage des cartes et les principes de leur rédaction, le tracé linéaire des projections, les instrumens qui servent aux différentes opérations, et la manière de dessiner toutes espèces de cartes, par A. M. PERROT,, ouvrage orné d'un grand nombre de planches. Un vol.   3 fr.

— **DES CONTRIBUTIONS DIRECTES**, à l'usage des contribuables, des receveurs, des employés des contributions et du cadastre, suivi du mode des réclamations, et la marche à suivre pour obtenir une juste et prompte décision, etc., par M. DELONCLE, ex-contrôleur. Un volume.   2 fr. 50 c.

— **DE L'HISTOIRE NATURELLE DES CRUSTACÉS**, contenant leur description et leurs mœurs, avec figures dessinées d'après nature par feu M. Bosc, de l'Institut: édition mise au niveau des connaissances actuelles, par M. DESMAREST, correspondant de l'Académie royale des Sciences. Deux vol.   6 fr.

— **DU CUISINIER ET DE LA CUISINIÈRE**, à l'usage de la ville et de la campagne, contenant toutes les recettes les plus simples pour faire bonne chère avec économie, ainsi que les meilleurs procédés pour la pâtisserie et l'office, précédé d'un Traité sur la dissection des viandes, suivi de la manière de conserver les substances alimentaires, et d'un Traité sur les vins; par M. CARDELLI, ancien chef d'office. *Nouvelle édition.* Un gros vol. orné de figures.   2 fr. 50 c.

— **DU CULTIVATEUR FRANÇAIS**, ou l'Art de bien cultiver les terres, de soigner les bestiaux et de retirer des unes et des autres le plus de bénéfices possible ; par M. THIÉBAUT DE BERNEAUD. Deux vol.   5 fr.

— **DES DAMES**, ou l'Art de la Toilette, suivi de l'Art du Modiste et du Mercier - Passementier, par mad. CELNART. Un vol. orné de figures.   3 fr.

— **DE LA DANSE**, comprenant la théorie, la pratique et l'histoire de cet art, depuis les temps les plus reculés jusqu'à nos jours ; à l'usage des amateurs et des professeurs, par M. BLASIS, trad. de l'anglais par M. P. VERGNAUD, et revu par M. GARDEL. Un gr. vol. orné de planches et musique.   3 f. 50 c.

— **DES DEMOISELLES**, ou Arts et Métiers qui leur conviennent, tels que la couture, la broderie, le tricot, la dentelle, la tapisserie, les bourses, les ouvrages en filets, en chenille, en ganse, en perle, en cheveux, etc., etc. ; enfin tous les arts dont les demoiselles peuvent s'occuper avec agrément, par madame ELISABETH CELNART. *Troisième édition.* Un volume orné de planches,   3 fr.

MANUEL DU DESSINATEUR, ou Traité complet de cet art contenant le dessin linéaire à vue, le dessin linéaire géométrique, le dessin de l'ornement, le dessin de la figure, le dessin du paysage, le dessin et lavis de la topographie; par M. PER-LOT, etc. *Deuxième édition*. Un vol. orné de planches. 3 fr

— **DU DESSINATEUR ET DE L'IMPRIMEUR LITHO-GRAPHE**, par M. BRÉGEAUT, lithographe breveté de S. A. R. Mgr le Dauphin. *Seconde édition*. Un volume orné de 12 lithographies. 3 fr

— **DU DESTRUCTEUR DES ANIMAUX NUISIBLES**, ou l'Art de prendre et de détruire tous les animaux nuisibles à l'agriculture, au jardinage, à l'économie domestique, à la conservation des chasses, des étangs, etc., etc.; par M. VÉRARDI, propriétaire-cultivateur. Un vol. orné de planches. 3 fr.

— **DU DISTILLATEUR LIQUORISTE**, ou Traité de la Distillation en général; suivi de l'Art de fabriquer des liqueurs à peu de frais et d'après les meilleurs procédés; par M. LEBEAUD. *Troisième édition*. Un vol. 3 fr.

— **D'ÉCONOMIE DOMESTIQUE**, contenant toutes les recettes les plus simples et les plus efficaces sur l'économie rurale et domestique, à l'usage de la ville et de la campagne; par madame CELNART. *Deux. édit.* Un vol. orné de figures. 2 fr. 50 c.

— **D'ENTOMOLOGIE**, ou Histoire naturelle des Insectes; contenant la synonymie et la description de la plus grande partie des espèces d'Europe et des espèces exotiques les plus remarquables; par M. BOITARD. Deux gros vol. 7 fr.

ATLAS D'ENTOMOLOGIE, composé de 110 planches représentant les insectes décrits dans l'ouvrage ci-dessus.

Figures noires. 17 fr.

Figures coloriées. 34 fr.

MANUEL D'ÉLECTRICITÉ ATMOSPHÉRIQUE, par M. RIF-FAULT. Un vol. orné de planches. 2 fr. 50 c.

— **DU STYLE ÉPISTOLAIRE**, ou Choix de Lettres puisées dans nos meilleurs auteurs, précédé d'instructions sur l'Art Épistolaire et de Notices Biographiques; par M. BISCARRAT, professeur. Un gros vol. 3 fr.

— **DU FABRICANT D'ÉTOFFES IMPRIMÉES ET DU FABRI-CANT DE PAPIERS PEINTS**, contenant les procédés les plus nouveaux pour imprimer les étoffes de coton, de lin, de laine et de soie, et pour colorer la surface de toutes sortes de papiers; par M. Sébastien LENORMAND. Un vol. orné de planches. 3 fr.

— **DU FABRICANT DE DRAPS**, ou Traité général de la fabrication des draps; par M. BONNET. Un volume. 3 fr.

— **DU FABRICANT ET DE L'ÉPURATEUR D'HUILES,**

suivi d'un Aperçu sur l'éclairage par le gaz; par M. Julia Fontenelle, Un volume orné de planches.   3 fr.

MANUEL DES FABRICANS DE CHAPEAUX EN TOUS GENRES, tels que feutres divers, schakos, chapeaux de soie, de coton, et autres étoffes filamenteuses; chapeaux de plumes, de cuir, de pailles de bois, d'osier. etc., et enrichi de tous les brevets d'invention, par MM. Cluz et F., fabricans, et Julia Fontenelle, professeur de chimie. Un vol., orné de planches.   3 fr.

— DU FABRICANT DE PRODUITS CHIMIQUES. ou Formules et Procédés usuels relatifs aux matières que la chimie fournit aux arts industriels, à la médecine et à la pharmacie, renfermant la description des opérations et des principaux ustensiles en usage dans les laboratoires; par M. Thillaye, professeur de chimie, chef des travaux chimiques de l'ancienne fabrique de M. Vauquelin. Deux volumes ornés de planches.   7 fr.

— DU FABRICANT DE SUCRE ET DU RAFFINEUR, ou Essai sur les différens moyens d'extraire le Sucre et de le raffiner; par MM. Blachette et Zoéga. Un vol.   3 fr.

— DU FERBLANTIER ET DU LAMPISTE, ou l'art de confectionner en ferblanc tous les ustensiles possibles, l'étamage, le travail du zinc, l'art de fabriquer les lampes d'après tous les systêmes anciens et nouveaux; orné d'un grand nombre de figures et de modèles pris dans les meilleurs ateliers, par M. Lebrun. Un vol. in-18.   3 fr.

— DU FLEURISTE ARTIFICIEL, ou l'Art d'imiter d'après nature toute espèce de fleurs, en papier, batiste, mousseline et autres étoffes de coton; en gaze, taffetas, satin, velours; de faire des fleurs en or, argent, chenille, plumes, paille, baleine, cire, coquillages, les autres fleurs de fantaisie; les fruits artificiels; et contenant tout ce qui est relatif au commerce de fleurs; suivi de l'Art du Plumassier, par Madame Celnart. Un vol., orné de figures.   2 fr. 50 c.

— DU FONDEUR SUR TOUS MÉTAUX, ou Traité de toutes les opérations de la fonderie, contenant tout ce qui a rapport à la fonte et au moulage du cuivre, à la fabrication des pompes à incendie et des machines hydrauliques, etc., etc.; par M. Launay, fondeur de la colonne de la place Vendôme, etc. Deux vol. ornés d'un grand nombre de planches.   7 fr.

— THÉORIQUE ET PRATIQUE DU MAITRE DE FORGES, ou l'Art de travailler le fer; par M. Landrin, ingénieur civil. Deux vol. ornés de planches.   6 fr.

— DES GARDES-CHAMPÊTRES, FORESTIERS, GARDES-PÊCHES, contenant l'exposé méthodique des lois, etc.; sur leurs attributions, fonctions, droits et devoirs. avec les formules et modèles des rapports et des procès-verbaux ; par M. RONDONNEAU. Un vol. 2 fr. 50 c.

MANUEL DES GARDES-MALADES, et des personnes qui veulent se soigner elles-mêmes, ou l'Ami de la santé, contenant un exposé clair et précis des soins à donner aux malades de tout genre, la manière de gouverner les femmes pendant leurs couches, les enfans au moment de la naissance, et généralement de ce qu'il importe le plus de connaître à tous ceux qui veulent se livrer au soulagement de l'humanité souffrante ; par M. MORIN, docteur en médecine. Un volume. *Troisième édition.* 2 fr. 50 c.

— **DES GARDES NATIONAUX DE FRANCE**, contenant l'école du soldat et de peloton, d'après l'ordonnance du 4 mars 1831, l'entretien des armes, etc. ; précédés de la nouvelle loi de 1831 sur la garde nationale ; l'état-major ; le modèle du drapeau, l'ordre du jour sur l'uniforme en général, et celui pour les communes rurales ; adopté par le général en chef ; par M. R.-L. ; 28e édition, ornée d'un grand nombre de figures représentant les divers uniformes de la garde nationale, et toutes celles nécessaires pour l'exercice et les manœuvres. Un gros vol. in-18. 1 fr. 25 c., et 1 fr. 75 c. par la poste. L'on ajoutera 50 c. pour recevoir le même ouvrage avec tous les uniformes coloriés.

— **GÉOGRAPHIQUE**, ou le nouveau Géographe manuel, contenant la Description statistique et historique de toutes les parties du monde ; la Concordance des calendriers ; une Notice sur les lettres de change, bons aux porteurs, billets à ordre, etc.; le Système métrique, la Concordance des mesures anciennes et nouvelles ; les Changes et monnaies étrangères évaluées en francs et centimes ; par ALEXANDRE DEVILLIERS. Un gros vol. *Troisième édit.* 3 fr. 50 c.

— **DE GÉOMÉTRIE**, ou Exposition élémentaire des principes de cette science, comprenant les deux trigonométries, la théorie des projections, et les principales propriétés des lignes et surfaces du second degré, à l'usage des personnes privées des secours d'un maître ; par M. TERQUEM. Un gros volume orné de pl. 3 fr. 50 c.

— **DE GYMNASTIQUE**, par M. le colonel AMOROS. Deux gros vol. et atlas composé de 50 planches, 10 fr. 50 c.

— **DU GRAVEUR**, ou Traité complet de l'Art de la Gravure en tous genres, d'après les renseignemens fournis par plusieurs artistes et rédigé par M. PERROT. Un vol. 3 fr.

— **DE L'HERBORISTE, DE L'ÉPICIER-DROGUISTE ET DU GRAINIER-PÉPINIÉRISTE**, contenant la description des végétaux, les lieux de leur naissance, leur analyse chimique et leurs propriétés médicales ; par MM. JULIA FONTENELLE et TOLLARD. Deux gros volumes. 7 fr.

— **D'HISTOIRE NATURELLE**, comprenant les trois

Règnes de la Nature , ou *Genera* complet des animaux , des végétaux et des minéraux; par M. BOITARD. Deux gros volumes. 7 fr.

Atlas des différentes parties de l'Histoire naturelle , et qui se vendent séparément.

ATLAS POUR LA BOTANIQUE , composé de 120 planches, figures noires. 18 fr.
    Figures coloriées. 36 fr.
    — POUR LES MOLLUSQUES , représentant les mollusques nus et les coquilles , 51 planches, figures noires. 7 fr.
    Figures coloriées. 14 fr.
    — POUR LES CRUSTACÉS , 18 planc. , fig. noires 3 fr.
    Figures coloriées. 6 fr.
    — POUR LES INSECTES , 110 planc., fig. noires. 17 fr.
    Figures coloriées. 34 fr.
    — POUR LES MAMMIFÈRES , 80 planc. , fig. noires. 12 fr.
    Figures coloriées. 24 fr.
    — POUR LES MINÉRAUX , 40 planches, figures noires. 6 fr.
    Figures coloriées. 12 fr.
    — POUR LES OISEAUX , 129 planches, figures noires. 20 fr.
    Figures coloriées. 40 fr.
    — POUR LES POISSONS , 155 planc. , fig. noires. 24 fr.
    Figures coloriées. 48 fr.
    — POUR LES REPTILES , 54 planches, figures noires. 9 fr.
    Figures coloriées. 18 fr.
    — POUR LES ZOOPHYTES , représentant la plupart des vers et des animaux-plantes, 25 planches, figures noires. 6 fr.
    Figures coloriées. 12 fr.

MANUEL DE L'HORLOGER, ou Guide des ouvriers qui s'occupent de la construction des machines propres à mesurer le temps; par M. SEB. LENORMAND. Un gros vol. orné de planches. 3 fr. 50 c.

    — D'HYGIÈNE , ou l'Art de conserver sa santé; par M. MORIN, docteur-médecin. 3 fr.

    — DE L'IMPRIMEUR , ou Traité simplifié de la typographie; par M. AUDOUIN DE GÉRONVAL , et revu par M. CRAPELET , imprimeur. Un volume orné de planches. 3 fr.

    — DU JARDINIER , ou l'Art de cultiver et de composer toutes sortes de jardins; ouvrage divisé en deux parties : la première contient la culture des jardins potagers et fruitiers; la seconde , la culture des fleurs , et tout ce qui a rapport aux jardins d'agrément; dédié à M. THOUIN, ex-professeur de culture au Muséum d'histoire naturelle, membre de l'Institut, etc. ; par M. BAILLY, son élève. *Cinquième édition*, revue, corrigée et considérablement augmentée. Deux gros volumes ornés de planches. 5 fr.

    — DU JAUGEAGE ET DES DÉBITANS DE BOISSONS,

contenant les tarifs très-simplifiés en anciennes et nouvelles mesures, relatifs à l'art de jauger ; toutes les lois, ordonnances, règlemens sur les boissons, etc., etc.; par M. LAUDIER, membre de
la Légion-d'Honneur, et par M. D...., avocat à la Cour royale de
Paris. Un volume orné de figures.   **3 fr.**

MANUEL DES JEUNES GENS, ou Sciences, arts et récréations qui leur conviennent, et dont ils peuvent s'occuper avec
agrément et utilité, tels que jeux de billes, etc.; la gymnastique,
l'escrime, la natation, etc.; les amusemens d'arithmétique, d'optique, aérostatiques, chimiques, etc.; tours de magie, de cartes, etc.; feux d'artifice, jeux de dames, d'échecs, etc.; traduit
de l'anglais par PAUL VERGNAUD. Ouvrage orné d'un grand nombre de vignettes gravées sur bois par GODARD. 2 vol.   **6 fr.**

— **DES JEUX DE CALCUL ET DE HASARD**, ou Nouvelle
Académie des jeux, contenant, tous les jeux préparés simples,
tels que les Jeux de l'Oie, de Loto, de Domino, les Jeux préparés composés, comme Dames, Trictrac, Echecs, Billard, etc.;
2° Tous les Jeux de Cartes, soit simples, soit composés : 1° les
jeux d'enfans, les Jeux communs, tels que la Bête, la Mouche,
la Triomphe, etc.; 3° les Jeux de salon, comme le Boston, le
Reversis, le Whiste; 4° les Jeux d'application, le Piquet, etc.;
5° les Jeux de distraction, comme le Commerce, le Vingt-et-
Un, etc.; 6° enfin les Jeux spécialement dits de *Hasard*, tels que
le Pharaon, le Trente et Quarante, la Roulette, etc.; par M. LE-
BRUN. Un volume.   **3 fr.**

— **DES JEUX DE SOCIÉTÉ**, renfermant tous les Jeux
qui conviennent aux jeunes gens des deux sexes; tels que Jeux
de jardin, Rondes, Jeux-Rondes, Jeux publics, Montagnes
russes et autres, Jeux de Salon, Jeux préparés, Jeux-Gages,
Jeux d'Attrape, d'Action, Charades en action : Jeux de Mémoire,
Jeux d'Esprit, Jeux de Mots, Jeux-Proverbes, Jeux-Péni-
tences, etc.; par madame CELNART. 2e *édition*. Un gros vol.
                                                                      3 fr.

— **DU LIMONADIER ET DU CONFISEUR**, contenant les
meilleurs procédés pour préparer le café, le chocolat, le punch,
les glaces, boissons rafraîchissantes, liqueurs, fruits à l'eau-de-
vie, confitures, pâtes, esprits, essences, vins artificiels, pâtisserie légère, bière, cidre, eaux, pommades et poudres cosmétiques,
vinaigres de ménage et de toilette, etc., etc.; par M. CARDELLI
Un gros vol. *Cinquième édition*.   **2 fr. 50 c.**

— **DE LA MAITRESSE DE MAISON, ET DE LA PAR-
FAITE MÉNAGÈRE**, ou Guide pratique pour la gestion d'une
maison à la ville et à la campagne, contenant les moyens
d'y maintenir le bon ordre et d'y établir l'abondance, de soigner
les enfans, de conserver les substances alimentaires, etc., etc.,

par madame GACON-DUFOUR. *Deuxième édit.*, revue par madame
CELNART. Un vol.   2 fr. 50 c.

MANUEL DE MAMMALOGIE, ou l'Histoire Naturelle des
Mammifères ; par M. LESSON, membre de plusieurs Sociétés savantes. Un gros vol.   3 fr. 50 c.

ATLAS DE MAMMALOGIE, composé de 80 planches représentant la plupart des animaux décrits dans l'ouvrage ci-dessus,
Figures noires.   12 fr.
Figures coloriées.   24 fr.

— **COMPLET DES MARCHANDS DE BOIS ET DE CHARBONS**, ou Traité de ce commerce en général ; contenant
tout ce qu'il est utile de savoir depuis l'ouverture des adjudications des coupes jusques et y compris l'arrivée et le débit des
bois et charbons, ainsi que le précis des lois, ordonnances, réglemens, etc., sur cette matière ; suivi de *Nouveaux Tarifs* pour
le cubage et le mesurage des bois de toute espèce, en anciennes
et nouvelles mesures ; par M. MARIÉ DE L'ISLE, ancien agent du
flottage des bois. Un vol.   3 fr.

— **DU MÉCANICIEN-FONTAINIER, POMPIER, PLOMBIER**, contenant la théorie des pompes ordinaires, des machines hydrauliques les plus usitées, et celle des pompes rotatives,
leurs applications à la navigation sous-marine, à un mode de nouveau réfrigérant ; l'Art du plombier, et la description des appareils
les plus nouveaux, relatifs à cette branche d'industrie ; par
MM. JANVIER et BISTON. Un vol. orné de planches.   3 fr.

— **D'APPLICATIONS MATHÉMATIQUES USUELLES ET AMUSANTES**, contenant des problèmes de Statique, de Dynamique, d'Hydrostatique et d'Hydrodynamique, de pneumatique, d'Acoustique, d'Optique, etc., avec leurs solutions ; des
notions de Chronologie, de Gnomonique, de Levée des Plans,
de Nivellement, de Géométrie pratique, etc., avec les formules y relatives ; plus un grand nombre de tables usuelles, et terminé par un Vocabulaire renfermant la substance d'un Cours
Mathématiques Élémentaires ; par M. RICHARD. Un gros vol. 3 fr.

— **DE MÉCANIQUE**, ou Exposition élémentaire des lois
de l'équilibre et du mouvement des corps solides, à l'usage des
personnes privées des secours d'un maître ; par M. TERQUEM. Un
gros vol. orné de planches.   3 fr. 50 c.

— **DE MÉDECINE ET CHIRURGIE DOMESTIQUES**, contenant un choix des remèdes les plus simples et les plus efficaces
pour la guérison de toutes les maladies internes et externes qui
affligent le corps humain. *Seconde édition* entièrement refondue
et considérablement augmentée ; par M. MORIN, doct.-médec.
Un vol.   3 fr. 50 c.

— **DU MENUISIER EN MEUBLES ET EN BATIMENS**,
de l'Art de l'ébéniste, contenant tous les détails utiles sur la me-

ture des bois indigènes et exotiques, la manière de les teindre, de les travailler, d'en faire toutes espèces d'ouvrages et de meubles, de les polir et vernir, d'exécuter toutes sortes de placages et de marqueterie; par M. NOSBAN, menuisier-ébéniste. *Deuxième édition*. Deux volumes ornés de planches. 6 fr.

MANUEL DE MÉTÉOROLOGIE, ou Explication théorique et démonstrative des phénomènes connus sous le nom de météores ; par M. FELLENS. Un vol. orné de planches. 3 fr. 50 c.

— **DE MINÉRALOGIE**, ou Traité élémentaire de cette science d'après l'état actuel de nos connaissances; par M. BLONDEAU. 3e *édition*, revue par M. JULIA-FONTENELLE. Un gr. vol. 3 fr. 50 c.

ATLAS DE MINÉRALOGIE, composé de 40 planches représentant la plupart des minéraux décrits dans l'ouvrage ci-dessus. Prix : Figures noires. 6 fr.

    Figures coloriées 12 fr.

— **DE MINIATURE ET DE GOUACHE**, par M. CONSTANT VIGUIER, suivi du **MANUEL DU LAVIS A LA SEPPIA ET DE L'AQUARELLE**, par M. LANGLOIS DE LONGUEVILLE. Un gros volume orné de planches. *Deuxième édition*. 3 fr.

— **DE L'HISTOIRE NATURELLE DES MOLLUSQUES ET DE LEURS COQUILLES**, ayant pour base de classification celle de M. Cuvier, par M. RANG. Un gros vol. orné de pl. 3 fr. 50 c.

ATLAS POUR LES MOLLUSQUES, représentant les mollusques nus et les coquilles, 51 planches, figures noires. 7 fr.

    Figures coloriées. 14 fr.

— **DU MOULEUR**, ou l'Art de mouler en plâtre, carton, carton-pierre, carton-cuir, cire, plomb, argile, bois, écaille, corne, etc., etc., contenant tout ce qui est relatif au moulage sur nature morte et vivante, au moulage de l'argile, etc. ; par M. LEBRUN. Un vol. orné de fig. 2 fr. 50 c.

— **DU NATURALISTE PRÉPARATEUR**, ou l'Art d'empailler les animaux, de conserver les végétaux et les minéraux ; par M. BOITARD. Un volume. *Deuxième édition*. 2 fr. 50 c.

— **DU NÉGOCIANT ET DU MANUFACTURIER**, contenant les Lois et Règlemens relatifs au commerce, aux fabriques et à l'industrie ; la connaissance des marchandises ; les usages dans les ventes et achats ; les poids, mesures, monnaies étrangères ; les douanes et les tarifs des droits ; par M. PEUCHET Un vol. 2 fr. 50 c.

— **D'ORNITHOLOGIE**, ou Description des genres et des principales espèces d'oiseaux ; par M. LESSON. Deux gros vol. 7 fr.

ATLAS D'ORNITHOLOGIE, composé de 129 planches représentant les oiseaux décrits dans l'ouvrage ci-dessus.

Figures noires. 20 fr.

Figures coloriées. 40 fr.

— **DU PARFUMEUR**, contenant les moyens de perfection·

ner les pâtes odorantes, les poudres de diverses sortes, les pommades, les savons de toilette, les eaux de senteur, les vinaigres, élixirs, etc., etc., et où se trouvent indiquées un grand nombre de compositions nouvelles ; par madame GACON-DUFOUR. Un volume.
2 fr. 50 c.

MANUEL DU MARCHAND PAPETIER ET DU RÉGLEUR, contenant la connaissance des papiers divers, la fabrication des crayons naturels et factices gris, noirs et colorés ; la préparation des plumes, des pains et de la cire à cacheter, de la colle à bouche, des sables, etc. ; par M. JULIA-FONTENELLE et M. POISSON. Un gros volume orné de planches.
3 fr.

— **DU PATISSIER ET DE LA PATISSIÈRE,** à l'usage de la ville et de la campagne, contenant les moyens de composer toutes sortes de pâtisseries, par madame GACON-DUFOUR. Un vol.
2 fr. 50 c.

— **DE PHARMACIE POPULAIRE,** simplifiée et mise à la portée de toutes les classes de la société, contenant les formules et les pratiques nouvelles publiées dans les meilleurs dispensaires, les cosmétiques et les médicamens par brevet d'invention, les secours à donner aux malades dans les cas urgens, avant l'arrivée du médecin, etc., par M. JULIA DE FONTENELLE. Deux vol.
6 fr.

— **DU PÊCHEUR FRANÇAIS,** ou Traité général de toutes sortes de Pêches ; l'Art de fabriquer les filets ; un Traité sur les Etangs ; un Précis des Lois, Ordonnances et Réglemens sur la pêche, etc., etc., par M. PESSON-MAISONNEUVE. Un volume orné de figures.
3 fr.

— **DU PEINTRE EN BATIMENS, DU DOREUR ET DU VERNISSEUR,** ouvrage utile tant à ceux qui exercent ces arts qu'aux fabricans de couleurs, et à toutes les personnes qui voudraient décorer elles-mêmes leurs habitations, leurs appartemens, etc. ; par M. VERGNAUD. *Cinquième édition*, revue et augmentée. Un volume.
2 fr. 50 c.

— **DE PERSPECTIVE, DU DESSINATEUR ET DU PEINTRE,** contenant les Élémens de géométrie indispensables au tracé de la perspective, la perspective linéaire et aérienne, l'étude du dessin et de la peinture, spécialement appliquée au paysage ; par M. VERGNAUD, ancien élève de l'Ecole Polytechnique. *Troisième édition*. Un volume orné d'un grand nombre de planches.
3 fr.

— **DE PHILOSOPHIE EXPÉRIMENTALE,** ou Recueil de dissertations sur les questions fondamentales de la métaphysique, extraites de LOCKE, CONDILLAC, DESTUT DEGERANDO, LA ROMIGUIÈRE, JOUFFROY, REID, DUGALD T-TRACY, KANT, COUSIN, etc. *Ouvrage conçu sur le plan des* leçons de M. AMICE, régent de rhétorique dans l'Académie de Paris. Un gros vol. STEWART, Noël, par M. Paris.
3 fr. 50 c.

MANUEL DE PHYSIOLOGIE VÉGÉTALE, DE PHYSIQUE, DE CHIMIE ET DE MINÉRALOGIE, APPLIQUÉES A LA CULTURE; par M. BOITARD. Un vol., orné de planches.   3 fr.

— **DE PHYSIQUE**, ou Elémens abrégés de cette science, mis à la portée des gens du monde et des étudians; contenant l'exposé complet et méthodique des propriétés générales des corps solides, liquides et aériformes, ainsi que des phénomènes du son; suivi de la nouvelle Théorie de la lumière dans le système des ondulations, et de celles de l'électricité et du magnétisme réunis; par M. BAILLY, élève de MM. Arago et Biot. *Cinquième édition.* Un volume orné de planches.   2 fr. 50 c.

— **DE PHYSIQUE AMUSANTE**, ou nouvelles Récréations physiques, contenant une suite d'expériences curieuses, instructives et d'une exécution facile, ainsi que diverses applications aux arts et à l'industrie; suivi d'un Vocabulaire de physique; par M. JULIA-FONTENELLE. *Troisième édition.* Un volume orné de planches.   3 fr.

— **DU POÊLIER-FUMISTE**, ou Traité complet de cet art, indiquant les moyens d'empêcher les cheminées de fumer, l'art de chauffer économiquement et d'aérer les habitations, les manufactures, les ateliers, etc.; par M. ARDENNI. Un volume orné de planches.   3 fr.

— **DES POIDS ET MESURES**, des Monnaies et du Calcul décimal; par M. TARBÉ. *Quatorzième édition.* Un vol.   3 fr.

— **DU PORCELAINIER, DU FAIENCIER ET DU POTIER DE TERRE**, suivi de l'Art de fabriquer les terres anglaises et de pipe, ainsi que les poêles, les pipes, les carreaux, les briques et les tuiles; par M. BOYER, ancien fabricant et pensionnaire du Roi. Deux volumes.   6 fr

— **DU PRATICIEN**, ou Traité complet de la science du droit mise à la portée de tout le monde, où sont présentées les instructions sur la manière de conduire toutes les affaires, tant civiles que judiciaires, commerciales et criminelles qui peuvent se rencontrer dans le cours de la vie, avec les formules de tous les actes, et suivi d'un Dictionnaire administratif abrégé; par M. D***, avocat à la Cour royale de Paris. *Deuxième édition.* Un gros volume.   3 fr. 50 c.

— **DES PROPRIÉTAIRES D'ABEILLES**, contenant: 1° la ruche villageoise et lombarde, et les ruches à hausses, perfectionnées au moyen de petits grillages en bois, très-faciles à exécuter; 2° des procédés pour réunir ensemble plusieurs ruches faibles, afin d'être dispensé de les nourrir; 3° une méthode très-avantageuse de gouverner les abeilles, de quelque forme que soient leurs ruches, pour tirer de grands profits; par J. RADOUAN. *Troisième édition,* corrigée et suivie de l'ART D'ÉLEVER LES VERS A SOIE et de cultiver le mûrier; par M. MORIN. Un gros vol. orné de planches.   3 fr.

MANUEL DU PROPRIÉTAIRE ET DU LOCATAIRE, OU SOUS-LOCATAIRE, tant de biens de ville que de biens ruraux; par M. SERGENT. *Troisième édition.* Un volume. 2 fr. 50 c.

— **DU RELIEUR DANS TOUTES SES PARTIES**, précédé des Arts de l'assembleur, du brocheur, du marbreur, du doreur et du satineur; par M. SÉBASTIEN LENORMAND. Un gros volume orné de planches. 3 fr.

— **DU SAPEUR-POMPIER**, contenant la description des machines en usage contre les incendies, l'ordre du service, les exercices pour la manœuvre des pompes, etc.; par M. JOLY, capitaine; suivi de la description du tonneau hydraulique et de la pompe aspirante et foulante; par M. LAUNAY. Un gr. vol. avec pl. 1 fr. 25 c.

—**DU SAVONNIER**, ou l'Art de faire toutes sortes de savons, par une réunion de fabricans, et rédigé par madame GACON-DUFOUR et un professeur de chimie. Un volume. 3 fr.

— **DU SERRURIER**, ou Traité complet et simplifié de cet art, d'après les notes fournies par plusieurs Serruriers distingués de la capitale, et rédigé par M. le comte DE GRANDPRÉ. *Seconde édition.* Un volume orné de planches. 3 fr.

— **COMPLET DES SORCIERS**, ou la Magie blanche dévoilée par les découvertes de la chimie, de la physique et de la mécanique; les scènes de ventriloquie, etc., exécutées et communiquées par M. COMTE, physicien du Roi, et par M. JULIA-FONTENELLE. *Deuxième édition.* Un gros vol. orné de planches. 3 fr.

—**DU TANNEUR, DU CORROYEUR ET DE L'HONGROYEUR**, contenant les procédés les plus nouveaux, toutes les découvertes faites jusqu'à ce jour, relativement à la préparation et à l'amélioration des cuirs, et généralement toutes les connaissances nécessaires à ceux qui veulent pratiquer ces arts. Un vol. orné de planches. 3 fr.

— **DU TAPISSIER, DÉCORATEUR ET MARCHAND DE MEUBLES**, contenant les principes de l'Art du tapissier, les instructions nécessaires pour choisir et employer les matières premières, décorer et meubler les appartemens, etc.; par M. GARNIER-AUDIGER. Un vol. orné de figures. 2 fr. 50 c.

— **COMPLET DU TENEUR DE LIVRES**, ou l'Art de tenir les livres en peu de leçons, par des moyens prompts et faciles, les diverses manières d'établir les comptes courans avec ou sans nombres rouges, de calculer les époques communes, les intérêts, les escomptes, etc., etc.; ouvrage à l'aide duquel on peut apprendre sans maître; par M. TREMERY, profes. Un gr. vol. 3 fr.

—**DU TEINTURIER**, comprenant l'art de teindre la laine, le coton, la soie, le fil, etc., ainsi que tout ce qui concerne l'ART DE TEINTURIER-DÉGRAISSEUR, etc., etc.; par M. RIFFAULT, ex-régisseur des poudres et salpêtres, etc., etc. *Deuxième édition.* Un gros volume. 3 fr.

MANUEL DU TOURNEUR, ou Traité complet et simplifié de cet art, d'après les renseignemens fournis par plusieurs tourneurs de la capitale ; rédigé par M. DESSABLES. *Deuxième édition*. Deux volumes ornés de planches.　　　6 fr.

— **DU VERRIER** et du Fabricant de glaces, cristaux pierres précieuses, factices, vers colorés, yeux artificiels, etc. ; par M. JULIA-FONTENELLE. Un gros volume orné de planches. 3 fr.

— **DU VÉTÉRINAIRE**, contenant la connaissance générale des chevaux, la manière de les élever, de les dresser et de les conduire, la description de leurs maladies et les meilleurs modes de traitement, des préceptes sur la ferrure, suivi de l'ART DE L'ÉQUITATION ; par M. LEBEAUD. *Deuxième édition*. Un volume. 3 fr.

— **DU VIGNERON FRANÇAIS**, ou l'Art de cultiver la vigne, de faire les vins, les eaux-de-vie et vinaigres, contenant les différentes espèces et variétés de la vigne, ses maladies et les moyens de les prévenir, les meilleurs procédés pour gouverner, perfectionner et conserver les vins, les eaux-de-vie et vinaigres, ainsi que la manière de faire avec ces substances toutes les liqueurs, de gouverner une cave, mettre en bouteilles, etc. etc. ; enfin de profiter avec avantage de tout ce qui nous vient de la vigne ; suivi d'un coup d'œil sur les maladies particulières aux vignerons ; par M. THIÉBAUD DE BERNEAUD. Un gros volume orné de planches. *Troisième édition*.　　　3 fr.

— **DU VINAIGRIER ET DU MOUTARDIER**, suivi de nouvelles recherches sur la fermentation vineuse, présentées à l'Académie royale des Sciences ; par M. JULIA-FONTENELLE. Un vol.　3 fr.

— **DU VOYAGEUR DANS PARIS**, ou Nouveau Guide de l'étranger dans cette capitale, soit pour la visiter ou s'y établir, contenant la Description historique, géographique et statistique de Paris, son tableau politique, sa description intérieure, tout ce qui concerne à Paris les besoins, les habitudes de la vie, les amusemens, etc., etc., orné de plans et de planches représentant les monumens ; par M. LEBRUN. Un gros volume.　3 fr. 50 c.

— **DU ZOOPHILE**, ou l'Art d'élever et de soigner les animaux domestiques ; par un propriétaire cultivateur, et rédigé par Madame CELNART. Un volume.　　　2 fr. 50 c.

Ouvrages sous presse.

MANUEL COMPLÉMENTAIRE D'ALGÈBRE, comprenant la théorie et la résolution des équations ; la théorie des dérivées directes et inverses, avec les principales applications à la Géométrie, à la mécanique et au calcul des probabilités.

— **DE L'ARMURIER**.

— **DU BIJOUTIER ET DE L'ORFÈVRE**.

2.

MANUEL DU BOURRELIER ET DU SELLIER.

— DU BIBLIOPHILE ET DE L'AMATEUR DE LIVRES par M. F. Denis.

— DU COUTELIER.

— DU CHARRON ET DU CAROSSIER.

— DE CHRONOLOGIE.

— D'ÉCONOMIE POLITIQUE.

— DU FILATEUR EN GÉNÉRAL ET DU TISSERAND.

— DU FACTEUR D'ORGUES.

— DE GÉOLOGIE.

— DE GÉOGRAPHIE-PHYSIQUE.

— COMPLÉMENTAIRE DE GÉOMÉTRIE, comprenant la géométrie descriptive, et ses applications principales à la stéréotomie, à la stéréographie et à la topographie.

— DE L'INGÉNIEUR GÉOGRAPHE.

— DU LAYETIER ET DE L'EMBALLEUR.

— COMPLÉMENTAIRE DE MÉCANIQUE, ou Mécanique physique, comprenant les frottemens, les adhésions, les engrenages; la théorie des lignes, surfaces et corps élastiques et vibrans; la résistance des solides et des fluides; l'équilibre et le mouvement des fluides pondérables et impondérables.

— DU MAÇON, PLATRIER, PAVEUR, CARRELEUR, COUVREUR.

— DE MUSIQUE VOCALE ET INSTRUMENTALE, par M. Choron.

— DE MNÉMONIE.

— DE L'ART MILITAIRE.

— DE MÉTALLURGIE.

— DE L'OPTICIEN.

— DE L'ORTOGRAPHISTE.

— DU PEINTRE ET DU SCULPTEUR, par M. Arsenne.

— DU FABRICANT DE PAPIERS.

— DU TAILLEUR.

— DU TONNELIER BOISSELIER.

— DU TRÉFILEUR.

SEULE ÉDITION COMPLÈTE

DES

SUITES A BUFFON,

FORMAT IN-18,

Formant, avec les OEuvres de cet auteur,

UN

COURS COMPLET D'HISTOIRE NATURELLE,

CONTENANT LES TROIS RÈGNES DE LA NATURE ;

Par MM. Bosc, Brongniart, Bloch, Castel, Guérin, de La-marck, Latreille, de Mirbel, Patrin, Sonnini et de Tigny, la plupart Membres de l'Institut et Professeurs au Jardin du Roi.

CETTE Collection, primitivement publiée par les soins de M. Déterville, et qui est devenue la propriété de M Roret, ne peut être donnée par d'autres éditeurs, n'étant pas, comme les OEuvres de Buffon, dans le domaine public.

Les personnes qui auraient les suites de Lacépède, contenant seulement les Poissons et les Reptiles, auront la liberté de ne pas les prendre dans cette Collection.

Cette Collection forme 108 volumes, ornés d'environ 600 planches dessinées d'après nature, par Desève, et précieusement terminées au burin. Elle se composera des ouvrages suivans :

HISTOIRE NATURELLE DES INSECTES, composée d'après Réaumur, Geoffroy, Degeer, Roeser, Linnée, Fabricius, et les meilleurs ouvrages qui ont paru sur cette partie, rédigée suivant les méthodes d'Olivier et de Latreille, avec des notes, plusieurs observations nouvelles et des figures dessinées d'après nature ; par F.-M.-G. de Tigny et Brongniart, pour les généralités. Edition ornée de beaucoup de figures, augmentée et mise au niveau des connaissances actuelles, par M. Guérin. 20 vol., et 24 livraisons de planches, fig. noires.   23 fr. 40 c.

Le même ouvrage, fig. coloriées.   39 fr.

—NATURELLE DES VÉGÉTAUX, classés par familles, avec la citation de la classe et de l'ordre de Linnée, et l'indication de l'usage qu'on peut faire des plantes dans les arts, le commerce l'agriculture, le jardinage, la médecine, etc., des figures dessinées d'après nature, et un GENERA complet, selon le système de Linnée, avec des renvois aux familles naturelles de Jussieu ; par J.-B. Lamarck, membre de l'Institut, professeur au Muséum d'Histoire naturelle, et par C.-F.-B. Mirbel, membre de l'Académie des Sciences, professeur de botanique. Edition ornée de

120 planches représentant plus de 1600 sujets. 30 vol., et 24 livraisons de planches, fig. noires. 30 fr. 90 c.

Le même ouvrage, fig. coloriées. 46 fr. 50 c.

HISTOIRE NATURELLE DES COQUILLES, contenant leur description, leurs mœurs et leurs usages ; par M. Bosc, membre de l'Institut. 10 vol., et 9 livr. de pl., fig. noires. 10 fr. 65 c.

Le même ouvrage, fig. coloriées, 16 fr. 50 c.

— **NATURELLE DES VERS,** contenant leur description, leurs mœurs et leurs usages ; par M. Bosc. 6 vol., et 6 livraisons de planches, fig. noires. 6 fr. 60 c.

Le même ouvrage, fig. coloriées. 10 fr. 50 c.

— **NATURELLE DES CRUSTACÉS,** contenant leur description, leurs mœurs et leurs usages ; par M. Bosc. 4 vol., et 5 livraisons de planches, fig. noires. 4 fr. 75 c.

Le même ouvrage, fig. coloriées. 8 f.

— **NATURELLE DES MINÉRAUX,** par E.-M. Patrin, membre de l'Institut. Ouvrage orné de 40 planches, représentant un grand nombre de sujets dessinés d'après nature. 10 vol., et 8 livraisons de planches, fig. noires. 10 fr. 30 c.

Le même ouvrage, fig. coloriées. 15 f. 50 c.

— **NATURELLE DES POISSONS,** avec des figures dessinées d'après nature ; par Bloch. Ouvrage classé par ordres, genres et espèces, d'après le système de Linnée, avec les caractères génériques ; par René-Richard Castel. Edition ornée de 160 planches, représentant environ 600 espèces de poissons. 20 vol., et 32 livraisons de planches, fig. noires. 26 fr. 20 c.

Le même ouvrage, fig. coloriées. 47 fr.

— **NATURELLE DES REPTILES,** avec figures dessinées d'après nature ; par Sonnini, homme de lettres et naturaliste, et Latreille, membre de l'Institut. Edition ornée de 54 planches, représentant environ 150 espèces différentes de serpens, vipères, couleuvres, lézards, grenouilles, tortues, etc. 8 vol., et 11 livraisons de planches, fig. noires. 9 fr. 85 c.

Le même ouvrage, fig. coloriées. 17 fr.

Prix de chaque volume, pour les ouvrages ci-dessus. 75 c.

Prix de chaque livraison de figures, composée d'environ 5 planches, 35 cent. en noir, et 1 fr. fig. coloriées.

Tous les ouvrages ci-dessus sont en vente.

Pour compléter les trois règnes de la nature, il faut ajouter :

ŒUVRES DE BUFFON, comprenant : *Théorie de la Terre.—Discours sur l'Histoire naturelle.—Histoire naturelle de l'homme.—Histoire naturelle des quadrupèdes.—Histoire naturelle des oiseaux,* classés par ordres, genres et espèces, d'après le système de Linnée, avec les caractères génériques et la nomenclature linnéenne ; par René Richard Castel. 26 vol. Nouvelle édition, ornée de 205 planches représentant environ 600 sujets. 65 fr.

Avec les figures coloriées. 90 fr.

OUVRAGES DIVERS.

ABUS (des) **EN MATIÈRE ECCLÉSIASTIQUE**; par M. Boyard. Un vol. in-8°. 2 fr. 50 c.

ANNUAIRE DU BON JARDINIER ET DE L'AGRONOME, renfermant la description et la culture de toutes les plantes utiles ou d'agrément qui ont paru pour la première fois en 1829; contenant en outre les nouvelles d'horticulture, des considérations sur l'acclimatation et la naturalisation des plantes, les principes généraux de la greffe, la description de toutes les plantes herbacées, etc.; par un Jardinier Agronome. Un volume in-18. 3 fr.

La première année, pour 1826, 1 fr. 50 c.
La deuxième année, pour 1827, *même prix.*
La troisième année, pour 1828, *meme prix.*
La quatrième année, pour 1829, 3 fr.
La cinquième année, pour 1830. 3 fr.
La sixième année, pour 1831. 3 fr. 50 c.

ARITHMÉTIQUE DES DEMOISELLES, ou Cours élémentaire d'arithmétique, en 12 leçons; par M. Ventenac. Un vol. 2 fr. 50 c.
Cahier de Questions pour le même ouvrage. 50 c.

ART DE BRODER, ou Recueil de Modèles coloriés analogues aux différentes parties de cet art, à l'usage des demoiselles; par M. Augustin Legrand. Un vol. oblong. Prix : 7 fr.

ART DE CULTIVER LA VIGNE et de faire du bon vin malgré le climat et l'intempérie des saisons; par M. Salmon. Un volume in-12. 3 fr. 50 c.

— (L') **DE CONSERVER ET D'AUGMENTER LA BEAUTÉ**, de corriger et déguiser les imperfections de la nature; par Lami. Deux jolis volumes in-18, ornés de gravures. 6 fr.

BARÊME (LE) PORTATIF DES ENTREPRENEURS EN CONSTRUCTIONS ET DES OUVRIERS EN BATIMENS, par M. Barbier. Un vol. in-24. 60 c.

BEAUTÉS (LES) DE LA NATURE, ou Description des arbres, plantes, cataractes, fontaines, volcans, montagnes, mines, etc., les plus extraordinaires et les plus admirables, qui se trouvent dans les quatre parties du monde; par M. Antoine. Un volume, orné de six gravures. 2 fr. 50 c.

BOTANIQUE (LA) DE J.-J. ROUSSEAU, contenant tout ce qu'il a écrit sur cette science, augmentée de l'exposition de la méthode de Tournefort et de Linnée, suivie d'un Dictionnaire de botanique et de notes historiques; par M. Deville. *Deuxième édition.* Un gros volume orné de 8 planches, 4 fr.; fig. col. **5 fr.**

CHIENS (LES) CÉLÈBRES. *Troisième édition*, augmentée de traits nouveaux et curieux sur l'instinct, les services, le courage, la reconnaissance et la fidélité de ces animaux; par M. FRÉVILLE. Un gros volume in-12, orné de planches. 3 fr.

CHOIX (NOUVEAU) D'ANECDOTES ANCIENNES ET MODERNES, tirées des meilleurs auteurs, contenant les faits les plus intéressans de l'histoire en général, les exploits des héros, traits d'esprit, saillies ingénieuses, bons mots, etc., etc.; suivi d'un précis sur la Révolution française; par M. BAILLY. *Cinquième édition*, revue, corrigée et augmentée; par madame CELNART. 4 vol. in-18, ornés de jolies vignettes. 7 fr.

CODE DES MAITRES DE POSTE, DES ENTREPRENEURS DE DILIGENCE ET DE ROULAGE, ET DES VOITURIERS EN GÉNÉRAL PAR TERRE ET PAR EAU, ou Recueil général des Arrêts du Conseil, Arrêts de règlement, Lois, Décrets, Arrêtés, Ordonnances du Roi, et autres Actes de l'autorité publique, concernant les Maîtres de Poste, les Entrepreneurs de Diligences et Voitures publiques en général, les Entrepreneurs et Commissionnaires de Roulage, les Maîtres de Coches et de Bateaux, etc.; par M. LANOE, avocat à la Cour royale de Paris. 2 vol. in-8. 12 fr.

COURS D'ENTOMOLOGIE, ou de l'Histoire naturelle des crustacés, des arachnides, des myriapodes et des insectes, à l'usage des élèves de l'École du Muséum d'Histoire naturelle, par M. LATREILLE, professeur, membre de l'Institut, etc., etc. Un gros vol. in-8 et atlas. 1831. 15 fr.

DESCRIPTION DES MOEURS, USAGES ET COUTUMES de tous les peuples du monde; contenant une foule d'Anecdotes sur les sauvages d'Afrique, d'Amérique, les Anthropophages, Hottentots, Caraïbes, Patagons, etc., etc. *Seconde édition*, très-augmentée. 2 vol. in-18, ornés de douze gravures. 5 fr.

DICTIONNAIRE HISTORIQUE, ou Histoire abrégée et impartiale des hommes de toutes les nations qui se sont rendus célèbres, par une société de Savans français et étrangers. 20 vol. in-8. 120 fr.

ÉPILEPSIE (DE L') EN GÉNÉRAL, et particulièrement de celle qui est déterminée par des causes morales, par M. DOUSSIN-DUBREUIL. Un vol. in-12. *Deuxième édition*. 3 fr.

ESPAGNE (DE L') et de ses relations commerciales, par F.-A. DE CH., in-8. 2 fr. 50 c.

ÉTUDES ANALYTIQUES SUR LES DIVERSES ACCEPTIONS DES MOTS FRANÇAIS, par Mlle FAURE. Un vol. in-12. 2 f. 50 c.

ÉVÉNEMENS DE BRUXELLES ET AUTRES VILLES DU ROYAUME DES PAYS-BAS, depuis le 25 août 1830, précédés du catéchisme du citoyen belge, et de chants patriotiques. Un vol. in-18. 1 fr. 25 cen

EXAMEN DU SALON DE 1827, avec cette épigraphe : *Rien n'est beau que le vrai.* Deux broch. in-8. 3 fr.

(23)

GALERIE DE RUBENS, dite du Luxembourg, faisant suite aux galeries de Florence et du Palais Royal, par MM. MATHEI et CASTEL. Treize livraisons contenant vingt-cinq planches ; un gros vol. in-folio (ouvrage terminé).

Prix de chaque livraison : figures noires,   6 fr.

Avec figures coloriées,   10 fr.

GRAISSINET (M.), ou Qu'est-il donc? Histoire comique, satirique et véridique, publiée par DUVAL, 4 vol. in-12.   10 fr.

Ce roman, écrit dans le genre de ceux de Pigault, est un des plus amusans que nous ayons.

HISTOIRE D'ANGLETERRE, de HUME. Vingt volumes in-12, ornés de figures et tableaux généalogiques, tirés de l'Atlas de Lesage.   60 fr.

INFLUENCE (DE L') DES ÉRUPTIONS ARTIFICIELLES DANS CERTAINES MALADIES, par JENNER, auteur de la Découverte de la vaccine. Brochure in-8.   2 fr. 50 c.

LETTRES SUR LES DANGERS DE L'ONANISME, et Conseils relatifs au traitement des maladies qui en résultent ; ouvrage utile aux pères de famille et aux instituteurs ; par M. DOUSSIN-DUBREUIL. Un vol. in-12. *Troisième édition*,   1 fr. 50 c.

— **SUR LA MINIATURE**, par MANSION. Un vol. in-12.   4 fr.

MANUEL DES JUSTICES DE PAIX, ou Traité des fonctions et des attributions des Juges de paix, des Greffiers et Huissiers attachés à leur tribunal, avec les formules et modèles de tous les actes qui dépendent de leur ministére, auquel on a joint un recueil chronologique des lois, des décrets, des ordonnances du roi, et des circulaires et instructions officielles, depuis 1790, et un extrait des cinq Codes, contenant les dispositions relatives à la compétence des justices de paix ; par M. LEVASSEUR, ancien jurisconsulte. *Huitième édition*, entièrement refondue par M. RONDONNEAU. Un gros vol. in-8.   7 fr.

MANUEL MUNICIPAL (NOUVEAU), ou Répertoire des Maires, Adjoints, Conseillers municipaux, Juge de paix, Commissaire de police, et des Citoyens français, dans leurs rapports avec l'administration, l'ordre judiciaire, les colléges électoraux, la garde nationale, l'armée, l'administration forestière, l'instruction publique et le clergé, contenant l'exposé complet du droit et des devoirs des Officiers municipaux et de leurs Administrés, selon la législation nouvelle, suivi d'un appendice dans lequel se trouvent les formules pour tous les actes de l'administration municipale, par M. BOYARD, conseiller à la cour royale de Nancy. Deux volumes in-8. 1831.   10 fr.

— **DE LITTÉRATURE A L'USAGE DES DEUX SEXES**, contenant un précis de rhétorique, un traité de la versification française, la définition de tous les différens genres de compositions en prose et en vers, avec des exemples tirés des prosateurs et des poëtes les plus célèbres, et des précept[s] sur l'art de lire à haute voix ; par M. VIGÉE. *Deuxième édition*, revue par madame d'HAUTPOUL. Un vol. in-12.   2 fr. 50 c.

MANUEL DES POIDS ET MESURES, des Monnaies et du Calcul décimal ; par M. TARBÉ DES SABLONS. Édition, avec un supplément contenant les additions faites à l'édition in-8. Un gros vol. in-8.   3 fr. 50 c.

— RAISONNÉ DES OFFICIERS DE L'ÉTAT CIVIL, ou Recueil des lois, décrets, avis, décisions ministérielles, etc., etc. *Deuxième édition* ; par DE LA FONTENELLE DE VAUDORÉ. Un gros vol. in-12, 1813.   3 fr.

— COMPLET DU VOYAGEUR AUX ENVIRONS DE PARIS, ou Tableau actuel des environs de cette capitale. Un gros vol. in-18, orné d'un grand nombre de vues et d'une carte très-détaillée des environs de Paris ; par M. DE PATY.   3 fr.

— COMPLET DU VOYAGEUR DANS PARIS, ou Nouveau Guide de l'étranger dans cette capitale ; par M. LEBRUN. Un gros vol. in-18, orné d'un grand nombre de vues et de trois cartes.   3 fr. 50 c.

MÉMOIRES SUR LA GUERRE DE 1809 EN ALLEMAGNE, avec les opérations particulières des corps d'Italie, de Pologne, de Saxe, de Naples et de Walcheren ; par le général PELET, d'après son journal fort détaillé de la campagne d'Allemagne, ses reconnaissances et ses divers travaux, la correspondance de Napoléon avec le major-général, les maréchaux, les commandans en chef, etc., accompagnés de pièces justificatives et inédites. Quatre volumes in-8.   24 fr.

MÉTHODE COMPLÈTE DE CARSTAIRS, DITE AMÉRICAINE ; ou l'Art d'écrire en peu de leçons par des moyens prompts et faciles, traduit de l'anglais sur la dernière édition, par M. TREMERY, professeur. Un vol. oblong, accompagné d'un grand nombre de modèles mis en français.   3 fr.

MINISTRE (LE) DE WAKEFIELD. Deux vol. in-12. Nouvelle édition.   4 fr.

NOSOGRAPHIE GÉNÉRALE ÉLÉMENTAIRE, ou Description et traitement rationnel de toutes les maladies ; par M. SEIGNETTE-GENS, doct. de la Fac. de Paris. Nouv. éd. 4 vol. in-8.   25 fr.

NOUVEAU COURS DE THÈMES pour les sixième, cinquième, quatrième, troisième et deuxième classes, à l'usage des colléges, par M. PLANCHE, professeur de rhétorique au collége royal de Bourbon, et M. CARPENTIER ; ouvrage recommandé pour les colléges par le Conseil royal de l'Université. *Seconde édition*, entièrement refondue et augmentée. Cinq volumes in-12.   10 fr.

Les mêmes avec les corrigés à l'usage des maîtres.   22 fr. 50 c.

On vend séparément :

Cours de sixième à l'usage des élèves,   2 fr.

Le corrigé à l'usage des maîtres, 2 fr. 50 c.
Cours de cinquième à l'usage des élèves, 2 fr.
Le corrigé, 2 fr. 50 c.
Cours de quatrième à l'usage des élèves, 2 fr.
Le corrigé, 2 fr. 50 c.
Cours de troisième à l'usage des élèves, 2 fr.
Le corrigé, 2 fr. 50 c.
Cours de seconde à l'usage des élèves, 2 fr.
Le corrigé, 2 fr. 50 c.

ŒUVRES POÉTIQUES DE BOILEAU, nouvelle édition, accompagnée de notes faites sur Boileau par les commentateurs ou littérateurs les plus distingués; par M. J. PLANCHE, professeur de rhétorique au collége royal de Bourbon, et M. NOEL, inspecteur général de l'Université. Un gros vol. in-12. 3 fr.

ORDONNANCE SUR L'EXERCICE ET LES MANŒUVRES D'INFANTERIE, du 4 mars 1831 (École du soldat et de peloton.) Un vol. in-18 orné de fig. 75 c.

PENSÉES ET MAXIMES DE FÉNÉLON. Deux volumes in-18, portrait. 3 fr.

— **DE J.-J. ROUSSEAU.** Deux volumes in-18, portrait. 3 fr

— **DE VOLTAIRE.** Deux volumes in-18, portrait. 3 fr.

PRÉCIS DE L'HISTOIRE DES TRIBUNAUX SECRETS, DANS LE NORD DE L'ALLEMAGNE, par A LOEVE VEIMARS, 1 vol. in-18. 2 fr. 50 c.

PRÉCIS HISTORIQUE SUR LES RÉVOLUTIONS DES ROYAUMES DE NAPLES ET DU PIÉMONT EN 1820 ET 1821, suivi de documens authentiques sur ces événemens; par M. le comte D.... *Seconde édition.* Un volume in-8. 4 fr. 50 c

PROCÈS DES EX-MINISTRES; Relation exacte et détaillée contenant tous les débats et plaidoyers recueillis par les meilleurs sténographes. *Troisième édition.* 3 gros volumes in-18, ornés de 4 portraits gravés sur acier. 7 fr. 50 c.
Rien n'a été négligé pour que cette relation soit la plus complète. Les séances du procès ont été collationnées sur le *Moniteur.*

ROMAN COMIQUE DE SCARRON. Quatre vol. in-12, fig. 8 fr.

SCIENCE (LA) ENSEIGNÉE PAR LES JEUX, ou théorie scientifique des jeux les plus usuels, accompagnée de recherches historiques sur leur origine, servant d'Introduction à l'étude de la mécanique, de la physique, etc.; imité de l'anglais; par M. RICHARD, professeur de mathématiques. Ouvrage orné d'un grand nombre de vignettes gravées sur bois par M. GODARD fils. 2 jolis volumes in-18. 7 fr.

SERMONS DU PÈRE L'ENFANT, PRÉDICATEUR DU ROI

LOUIS XVI. Huit gros volumes in-12, ornés de son portrait. *Deuxième édition.*   20 fr.

SYNONYMES (NOUVEAUX) FRANÇAIS à l'usage des demoiselles, par mademoiselle FAURE. Un vol. in-12.   3 fr.

DE LA POUDRE LA PLUS CONVENABLE AUX ARMES A PISTON, par M. C. F. VERGNAUD aîné. Un volume in-18.   75 c.

VOYAGE MÉDICAL AUTOUR DU MONDE, exécuté sur la corvette du roi *la Coquille*, commandée par le capitaine Duperrey, pendant les années 1822, 1823, 1824 et 1825, suivi d'un mémoire *sur les Races Humaines* répandues dans l'Océanie, la Malaisie et l'Australie ; par M. LESSON. Un vol. in-8°.   4 fr. 50 c.

ABRÉGÉ DE LA GRAMMAIRE FRANÇAISE, par MM. NOEL et CHAPSAL. Un volume in-12.   90 c.

ALBUM TOPOGRAPHIQUE, par PERROT. Un cahier oblong contenant 6 planches coloriées.   7 fr.

ART DE LEVER LES PLANS, et Nouveau Traité d'arpentage et du nivellement; par MASTAING. Un volume in-12.   4 fr.

ATLAS DE LESAGE. Nouv. édit., in-fol. cartonné.   130 fr.

BOTANOGRAPHIE BELGIQUE, ou Flore du nord de la France et de la Belgique proprement dite ; par THÉM. LESTIBOUDOIS. Deux volumes in-8.   14 fr.

— ÉLÉMENTAIRE, ou Principes de botanique, d'anatomie de physiologie végétale ; par THÉM. LESTIBOUDOIS. Un volume in-8.   7 fr.

— UNIVERSELLE, ou Tableau général des végétaux ; ouvrage faisant suite à la Botanographie belgique de THÉM. LESTIBOUDOIS. Deux volumes in-8.   10 fr.

CARTE TOPOGRAPHIQUE DE SAINTE-HÉLÈNE, très-bien gravée.   1 fr.

CHIMIE APPLIQUÉE AUX ARTS PAR CHAPTAL, membre de l'Institut; nouvelle édition avec les additions de M. GUILLERY. 5 livraisons en un seul gros volume in-8, grand papier.   20 fr.

CONSIDÉRATIONS SUR LES TROIS SYSTÈMES DE COMMUNICATIONS INTÉRIEURES, au moyen des routes, des chemins de fer et des canaux ; par M. NADAULT, ingénieur des ponts et chaussées. Un vol. in-4°. Prix :   6 fr.

ÉLECTIONS (DES) SELON LA CHARTE ET LES LOIS DU ROYAUME, ou Examen des droits, priviléges et obligations attachés à la qualité d'électeur, par M. BOYARD. Un vol. in-8.   6 fr.

ÉLÉMENS (NOUVEAUX) DE GRAMMAIRE FRANÇAISE, par M. FELLENS. Un vol. in-12.   1 fr.

DE L'EMPLOI DU REMEDE CONTRE LES GLAIRES et observations sur ses effets, in-8; par M. DOUSSIN-DUBREUIL.

DES DROITS ET DES DEVOIRS DE LA MAGISTRATURE FRANÇAISE ET DU JURY, par M. BOYARD, conseiller à la Cour Royale de Nancy. Un vol. in-8. 6 fr.

DICTIONNAIRE (NOUVEAU) DE LA LANGUE FRANÇAISE, par MM. NOEL et CHAPSAL. Un vol. in-8, grand papier. 8 fr.

ESPRIT DU MÉMORIAL DE SAINTE-HÉLÈNE, par le comte de LAS-CASES. Trois vol. in-12. 12 fr.

EXTRAIT ou ABRÉGÉ DE L'ATLAS DE LESAGE, renfermant huit cartes les plus élémentaires. 12 fr. 50 c

La Mappemonde. 2 fr.

FABLES DE LA FONTAINE, avec 75 gravures sur bois. Edition publiée par M. CRAPELET. Deux vol. in-32. 7 fr.

FONCTIONS (LES) DE LA PEAU et des maladies graves qui résultent de leur dérangement, par M. DOUSSIN-DUBREUIL. Un vol. in-12. 2 fr. 50 c

GLAIRES (DES), de leurs causes, de leurs effets et des indications à remplir pour les combattre. *Neuvième édition* ; par M. DOUSSIN-DUBREUIL. in-8. 4 fr.

GRAMMAIRE FRANÇAISE (NOUVELLE) sur un plan très-méthodique, avec de nombreux exercices d'Orthographe, de Syntaxe et de Ponctuation tirés de nos meilleurs auteurs, et distribués dans l'ordre des Règles ; par MM. NOEL et CHAPSAL. Trois volumes in-12 qui se vendent séparément, savoir :

— La Grammaire, 1 vol. 1 fr. 50 c.
— Les Exercices, 1 vol. 1 fr. 50 c.
— Le Corrigé des Exercices. 2 fr.

GRAMMAIRE NOUVELLE DES COMMENÇANS, contenant les dix parties du discours, développées et mises à la portée des enfans ; par M. BRAUD, élève de M. Jacotot. 1 fr.

GUIDE GÉNÉRAL EN AFFAIRES, ou Recueil des modèles de tous les actes. *Troisième édition.* Un vol. in-12. 4 fr.

HEPTAMERON, ou les Sept premiers jours de la Création du monde, et les Sept âges de l'Eglise chrétienne. Un vol. grand in-8. 10 fr.

INTRODUCTION A L'ÉTUDE DE L'HARMONIE, ou Exposition d'une nouvelle Théorie de cette science ; par VICTOR DELUDE. Un vol. in-8. 9 fr.

JEUX DE CARTES HISTORIQUES, par M. JOUY, de l'Académie française. A 2 fr. le jeu.

Contenant l'Histoire romaine, l'Histoire de la monarchie française, l'Histoire grecque, la Mythologie, l'Histoire sainte, la Géographie.

Celui-ci se vend 50 cent. de plus, à cause du planisphère.

L'Histoire du Nouveau Testament pour faire suite à l'Histoire sainte, l'Histoire d'Angleterre, l'Histoire des animaux, l'Histoire des empereurs, la Lecture, la Musique, la Chronologie, l'Astronomie et la Botanique.

JOURNAL D'AGRICULTURE, d'Economie rurale et des Manufactures du royaume des Pays-Bas. La collection complète jusqu'à la fin de 1823 se compose de seize vol. in-8. Prix, à Paris. 75 fr.

L'année 1824. 18 fr.

Celles de 1825 et suivantes sont au même prix.

LEÇONS D'ANALYSE GRAMMATICALE, contenant, 1° des préceptes sur l'art d'analyser, 2° des Exercices et des Sujets d'analyse grammaticale, gradués et calqués sur les préceptes; par MM. NOEL et CHAPSAL. Un vol. in-12. 1 fr. 80 c.

LEÇONS D'ANALYSE LOGIQUE, contenant, 1° des Préceptes sur l'art d'analyser, 2° des Exercices et des Sujets d'analyse logique, gradués et calqués sur les Préceptes; par MM. NOEL et CHAPSAL. Un vol. in-12. 1 fr. 80 c.

LEÇONS D'ARCHITECTURE; par DURAND. Deux vol. in-4. 40 fr.

La partie graphique, ou tome troisième du même ouvrage. 20 fr.

LE RÉGULATEUR DE L'ÉCRITURE, par CH. D. 1 vol. in-4. 1 fr. 25 c.

LETTRES INÉDITES DE BUFFON, J.-J. ROUSSEAU, VOLTAIRE, PIRON, DE LALANDE, LARCHER, ETC. Un vol. in-12. 3 fr.

LIBERTÉS (LES) GARANTIES PAR LA CHARTE, ou de la Magistrature dans ses rapports avec la liberté des cultes, la liberté de la presse et la liberté individuelle; par M. BOYARD. Un vol. in-8. 6 fr.

MANIÈRE TOUT-A-FAIT NOUVELLE D'ENSEIGNER ET D'ÉTUDIER LA LANGUE LATINE, ou Exposition d'une méthode d'enseignement préparatoire pratiquée avec succès pendant plus de vingt ans; par M CHOMPRÉ, ancien professeur. In-8. 1 fr.

MANUEL DES BAINS DE MER, leurs avantages et leurs inconvéniens, par M. BLOT. Un vol. in-18. 2 fr.

MANUEL DES INSTITUTEURS ET DES ISPECTEURS D'ÉCOLES PRIMAIRES, par ***, Membre d'un Comité d'arrondissement. 1 vol. in-12. 4 fr.

MÉLANGES TIRÉS D'UNE PETITE BIBLIOTHÈQUE, ou Variétés littéraires et philosophiques; par M. CHARLES NODIER, chevalier de la Légion-d'Honneur, bibliothécaire du roi à l'Arsenal. Un vol. in-8°. Prix : 7 fr.

MÉMORIAL DE SAINTE-HÉLÈNE; par M. DE LAS-CASES. Huit vol. in-8. 56 fr.

Le même ouvrage. Huit vol. in-12. 28 fr.

MONOGRAPHIA TENTHREDINETARUM SYNONYMIA EX

TRICATA, auctore AM. LEPELETIER DE SAINT-FARGEAU, vol. in-8. 5 fr.

NOUVEAUX APERÇUS SUR LES CAUSES ET LES EFFETS DES GLAIRES, par M. DOUSSIN-DUBREUIL. In-8. 2 fr.

ORDONNANCES DE LOUIS XIV, concernant la juridiction des prévôts et échevins de la ville de Paris, 1 vol. in-18. 3 f.

PARFAIT NOTAIRE, par MASSÉ, *Sixième édition*, 3 vol. in-4. 45 fr.

POÉSIES DE MADEMOISELLE ÉLISA MERCŒUR, *seconde édition*. Un vol. in-18. 5 fr.

PULMONIE (DE LA), DE SES CAUSES LES PLUS ORDINAIRES, ET DES MOYENS D'EN PRÉVENIR LES FUNESTES EFFETS, par DOUSSIN-DUBREUIL. Un volume in-12. 3 f. 50 c.

QUESTIONS DE LITTÉRATURE LÉGALE; du Plagiat, de la Supposition d'auteurs, des Supercheries qui ont rapport aux livres; par M. Ch. NODIER. 5 fr.

RECUEIL ET PARALLÈLES D'ARCHITECTURE, par M. DURAND. Grand in-folio. 180 fr.

SITES PITTORESQUES DU DAUPHINÉ, Quarante études d'après nature, lithographiées par DAGNAN. 50 fr.

STÉNOGRAPHIE, ou l'Art d'écrire aussi vite que la parole, par M. CONEN DE PRÉPÉAN, *nouvelle édition*. 5 f.

SOURD-MUET (le) ENTENDANT PAR LES YEUX, ou Triple Moyen de communication avec ces infortunés par des procédés abréviatifs de l'écriture, suivi d'un projet d'imprimerie syllabique; par LE PÈRE D'UN SOURD-MUET, ancien élève de l'école Polytechnique et membre de la Société d'Agriculture, Sciences et Arts du département de l'Aube. Un vol. in-4°. 7 fr.

SUITE AU MÉMORIAL DE SAINTE-HÉLÈNE, ou Observations critiques et anecdotes inédites pour servir de supplément et de correctif à cet ouvrage, contenant un manuscrit inédit de Napoléon, les six derniers mois du gouvernement impérial et l'exposé des causes qui contribuèrent à sa chute, etc. Ornée du portrait de M. LAS-CASES. Un volume in-8. 7 fr.
Le même ouvrage. Un volume in-12. 3 fr. 50 c.

TABLEAU DES PRINCIPAUX ÉVÉNEMENS QUI SE SONT PASSÉS A REIMS, depuis Jules-César jusqu'à Louis XVI inclusivement, ou Histoire de Reims considérée dans ses rapports avec l'Histoire de France, suivie de notes qui complètent le tableau de cette ville; par M CAMUS-DARAS. *Deuxième édition* revue et augmentée. Un vol. in-8°. Prix : 10 fr.

THÉORIE DES SIGNES, par l'abbé SICARD. Deux volumes in-8. 10 fr.

TRAITÉ DE L'ART DE FAIRE DES ARMES, par LAFOUGÈRE. Un vol. in-8.

b.

TRAITÉ SUR LA NOUVELLE DÉCOUVERTE DU LÉVIER VOLUTE, *dit* **LEVIER-VINET**, in-18.　　1 fr 50 c.

TRAITÉ (NOUVEAU) DES PARTICIPES, suivi de dictées progressives, par MM. NOEL ET CHAPSAL. Un vol. in-12.　2 fr.

VACCINE (DE LA) ET DE SES HEUREUX RÉSULTATS DÉMONTRÉS PAR DES VISITES FAITES AU DOMICILE DES INDIVIDUS DÉCÉDÉS A PARIS PAR SUITE DE LA PETITE-VÉROLE EN 1825, par MM. BRUNET, DOUSSIN-DUBREUIL et CHAUMONT. Un volume in 8.　4 fr.

VOCABULAIRE DES TERMES DE COMMERCE, ou Principes de la Tenue des livres à partie double. Un vol in-8.　2 f.

VOYAGES PITTORESQUES SUR LES BORDS DE LA LOIRE, depuis Orléans jusqu'à Nantes, par M. DAGNAN.

Cet ouvrage se compose de cinq livraisons, contenant chacune huit planches. Prix de chaque livraison :　12 fr.

VUE DE CLISSON, formant le complément du *Voyage pittoresque sur les bords de la Loire*, par DAGNAN.　15 fr.

VUE DE LYON ET DE L'ILE BARBE, dessinées d'après nature, et lithographiées par Dagnan.　20 fr.

OUVRAGES DE M. L'ABBÉ CARON.

LA ROUTE DU BONHEUR, Un vol. in-18.　2 fr.

L'ART DE RENDRE HEUREUX TOUT CE QUI NOUS ENTOURE. Un vol. in-18.　2 fr.

LA VERTU PARÉE DE TOUS SES CHARMES, Un vol. in-18, Prix :　2 fr.

LE BEAU SOIR DE LA VIE, Un vol. in-18.　2 fr.

L'ECCLÉSIASTIQUE ACCOMPLI, Un vol. in-18.　2 fr.

LES ÉCOLIERS VERTUEUX. 2 vol. in-18.　4 fr.

L'HEUREUX MATIN DE LA VIE. Un vol. in-18.　2 fr.

NOUVELLES HÉROINES CHRÉTIENNES. 2 vol. in-18.　4 fr.

PENSÉES CHRÉTIENNES, Douze vol. in-18.　21 fr.

— ECCLÉSIASTIQUES. Douze volumes in-18.　21 fr.

RECUEIL DE CANTIQUES ANCIENS ET NOUVEAUX. Un vlo. in-18.　1 fr. 50 c.

━━━◆━━━

ABRÉGÉ DE LA FABLE ou de l'Histoire poétique, par JOUVENCY, traduit en français et rangé suivant la méthode de DUMARSIS, in-18.　1 fr. 50 c.

ABRÉGÉ DE LA GRAMMAIRE FRANÇAISE, par M. de WAILLY, dernière édition, 1 vol. in-12.　75 c.

ANNÉE AFFECTIVE, par AVRILLON, in-12.　2 fr. 50 c.

ABRÉGÉ DE L'HISTOIRE SAINTE, par demandes et par réponses, 1 vol. in-12.　75 c.

ABRÉGÉ DES TROIS SIÈCLES DE LA LITTÉRATURE FRANÇAISE, par Sabatier de Castres. 1 vol. in-12.　　3 fr.

— **DU COURS DE LITTÉRATURE DE LAHARPE**, par Perrin. *Deuxième édition.* Deux volumes in-12.　　7 fr.

AVENTURES DE ROBINSON CRUSOÉ. Quatre vol. in-18. 6 fr.

AME (L') CONTEMPLANT LES GRANDEURS DE DIEU, in-12.　　2 fr. 50 c.

AME (L') AFFERMIE DANS LA FOI, et prémunie contre la séduction de l'erreur. 1 vol. in-12.　　2 fr. 50 c.

AMÉLIE MANSFIELD, par madame Cottin, 3 vol. in-18. 4 fr.

AVIS AUX PARENS sur la nouvelle méthode de l'enseignement mutuel, par G. C. Herpin. 1 vol. in-12.　　2 fr. 50 c.

BEAUX TRAITS DU JEUNE AGE, par Fréville. *Troisième édition.* Un volume in-12.　　3 fr.

BUFFON (LE NOUVEAU) DE LA JEUNESSE. *Quatrième édition*, 134 fig. Quatre volumes in-18.　　9 fr

CABARETS (LES) DE PARIS, ou l'Homme peint d'après nature ; petits tableaux de mœurs, philosophiques, galans, comiques, etc. Un volume in-18, orné de 4 gravures.　　1 fr. 50 c.

CATÉCHISME HISTORIQUE de Fleury, 1 vol.　　50 c.

CATÉCHISME HISTORIQUE, contenant en abrégé l'Histoire sainte et la doctrine chrétienne; par Fleury, 1 vol. in-12.　　2 fr.

CÆSARIS COMMENTARII, ad usum collegiorum, 1 vol. in-18.　　1 fr. 40 c.

CÉVENOL (le vieux), par Rabaut Saint-Étienne, 1 vol. in-18.　　3 fr.

CHARLES ET EUGÉNIE, ou la Bénédiction paternelle; par madame de Renneville. Deux volumes in-18.　　3 fr.

CICERONIS ORATOR, in-18.　　75 c.

CICERO in Verrem, de signis, in-12.　　60 c.

COLLECTION MAÇONNIQUE, 6 vol. in-18, fig.　　6 fr.

COMMENTAIRES DE CÉSAR (LES), nouvelle édition retouchée avec soin ; par M. de Wailly. Deux vol. in-12.　　6 fr.

CONDUITE POUR L'AVENT, par Avrillon, 1 vol. in-12, édit. stéréotype d'Herhan.　　2 fr. 50 c.

CONDUITE POUR LA PENTECOTE, par Avrillon, 1 vol.　　2 fr. 50 c.

CONDUITE POUR LE CARÊME, par Avrillon, édition stéréotype d'Herhan, 1 vol. in-12.　　2 fr. 50 c.

CORNELII NEPOTIS Vitæ excellentium imperatorum, 1 vol. in-18.　　1 fr.

CORRESPONDANCE DE PROSPER ET DE JULIETTE, pour faire suite aux Etrennes d'une mère ; par madame de V***. 2 vol. in-18 ornés de 8 jolies figures. Paris.　　3 fr.

DICTIONNAIRE (NOUVEAU) DE POCHE FRANÇAIS-ANGLAIS ET ANGLAIS-FRANÇAIS, par M. Nugent. *Dix-huitième édition*, revue par M. Fain, 2 vol. in-16.

(32)

DISCOURS CHOISIS DE D'AGUESSEAU, in-12, *nouvelle édition*. 2 fr 50 c.

DOCTRINE CHRÉTIENNE DE LHOMOND, in-12. 1 f. 50 c.

ÉDUCATION DES FILLES, par FÉNÉLON, in-18, fig., jolie édition. 1 fr. 50 c.

ÉLÉMENS DE LA CONVERSATION ANGLAISE, par PERRIN, revus par FAIN. Un vol. in-12. 1 fr. 25 c.

ÉLÉMENS DE LITTÉRATURE, ou Analyse raisonnée des différens genres de compositions et des meilleurs ouvrages classiques anciens et modernes, français et étrangers ; par BRETON, etc. 6 volumes in-18. 9 f.

ÉPITRES ET ÉVANGILES DES DIMANCHES ET FÊTES DE L'ANNÉE, avec de courtes réflexions, édition augmentée des Prières de la Messe et des Vêpres du dimanche, in-12. 2 f. 50 c.

ESPRIT (DE L') DES LOIS, par MONTESQUIEU. Nouv. édit., ornée du portr. de l'aut. Quatre gr. vol. in-12. 12 fr.

ESQUISSE D'UN TABLEAU HISTORIQUE DES PROGRÈS DE L'ESPRIT HUMAIN, par CONDORCET. Un gros vol. in-18. 3 fr.

EXISTENCE DE DIEU, par CLARKE, traduit de l'anglais par RECOTTIER. Nouvelle édition. 3 vol. in-12. 7 fr. 50 c.

FABLIERS (LE PHÉNIX DES), ou Morceaux choisis des poëtes français qui ont excellé dans l'apologue depuis 1600 jusqu'à nos jours, par J. SAMSON, 2 vol. in-18. 4 fr.

2 fr. 50 c.

GRAMMAIRE FRANÇAISE DE RESTAUT. Gros vol. in-12.

GRANDEUR (LA) DES ROMAINS, par MONTESQUIEU. 1 vol. in-12. 2 fr.

GRADUS AD PARNASSUM, ou Dictionnaire poétique latin-français. Grand in-8. 7 fr.

GUIDE DU MARÉCHAL, par LAFOSSE. Nouvelle édition. 7 fr. 50 c.

HISTOIRE DES DOUZE CÉSARS, par F. DE LAHARPE. *Cinquième édition*. Trois volumes in-18. 6 fr. 50 c.

HISTORIETTES ET CONVERSATIONS A L'USAGE DES ENFANS, par BERQUIN. Deux volumes in-18. 3 fr.

HORATII FLACCI CARMINA, 1 vol. in-24. 1 f. 25 c.
— Id., 1 vol. in-18. 1 fr. 50 c.

IMITATION DE JÉSUS-CHRIST, in-32, *jolie édit.* 1 f. 50 c.

INSTRUCTIONS POUR LES JEUNES GENS, utiles à toutes sortes de personnes, mêlées de plusieurs traits d'histoire et d'exemples édifians, in-12. 1 f. 25 c.

JARDINS (LES QUATRE) ROYAUX DE PARIS, 1 v. in-18, *troisième édition.* 1 f. 50 c.

JÉRUSALEM DÉLIVRÉE, traduite en vers, par M. OCTAVIEN, 2 vol. in-8. 8 fr.

JEUNES (LES) PERSONNES, nouvelles, par madame DE REN-
NEVILLE. *Deuxième édition*. Deux volumes in-12, ornés de fig. 8 fr.
JUSTINI HISTORIARUM ex trogo Pompeio Libri XLIV, in-18.
1 f. 50 c.
JEUNESSE DE FLORIAN, 1 vol. in-18. 1 f. 50 c
JULII CÆSARIS COMMENTARII, 1 vol. in-18. 1 f. 50 c.
**LETTRES DE MESDAMES DE COULANGES ET DE NINON
DE L'ENCLOS**, suivies de la Coquette vengée, 1 vol. in-12.
2 f. 50 c
**LETTRES DE MESDAMES DE VILLARS, DE LA FAYETTE
ET TENCIN**, 1 vol. in-12. 2 f. 50 c.
LETTRES DE MADEMOISELLE AISSÉ, accompagnées d'une
notice biographique et de notes explicatives, 1 vol. in-12.
2 f. 50 c.
LETTRES A ÉMILIE SUR LA MYTHOLOGIE, par DEMOUS-
TIER, 2 vol. in-12. 5 f.
LETTRES PERSANES, par MONTESQUIEU. Nouvelle édition.
Un vol. in-12. 3 fr.
LETTRES LE J. MULLER à ses amis, MM. Bonstetten et
Gleim, précédées de la vie et du testament de l'auteur, in-8. 6 fr.
MAGASIN DES ENFANS, 4 vol. in-18. 4 f.
MALVINA, par Mme COTTIN, 3 vol. in-18. 4 f.
MANUEL DU COMMERÇANT SUR LA PLACE DE PARIS.
1 vol. in-18. 1 f.
MÉMOIRES DE GRAMMONT, par HAMILTON. Deux vol.
in-32, figures. 3 fr.
MÉLANGES DE FLORIAN, 3 vol. in-18. 4 f. 50 c.
**MÉMOIRES DU CARDINAL DE RETZ, DE GUY-JOLY ET
DE LA DUCHESSE DE NEMOURS**. Nouvelle édition. Six vol.
in-8. avec portrait. 36 f.
MOIS (LE) DE MARIE, 1 vol. in-32. 40 c.
MORALE (LA) EN ACTION, Un gros vol. in-12. 2 f. 50 c.
MORCEAUX CHOISIS DE BOURDALOUE, par ROLLAND.
1 vol. in-18, portrait. 1 f. 80 c.
MORCEAUX CHOISIS DE FLÉCHIER, par ROLLAND, 1 vol.
in-18, portrait. 1 f. 80 c.
MORCEAUX CHOISIS DE FLEURY. par ROLLAND : 1 vol.
in-18, portrait, 1 f. 80 c.
NOVUM TESTAMENTUM, 1 vol. in-18 de près de 700 pages.
2 f. 50 c.
ŒUVRES DE CHAMPFORT, 5 vol. in-8. 30 f.
— **DRAMATIQUES DE DESTOUCHES**, nouvelle édition, pré-
cédée d'une notice sur la vie et les ouvrages de cet auteur, Six
vol. in-8, ornés de figures. 36 f.

PARFAIT (LE) CUISINIER, ou le Bréviaire des Gourmands, 1 vol. in-12. 3 f.

PARFAIT (LE) MODÈLE, 1 vol. in-1 1 f. 25 c.

PETIT (LE) PHILIPPE, par Mme de RENNEVILLE, 1 vol. in-18, avec grav. 1 f. 50 c.

PHÆDRI AUGUSTI LIBERTI FABULÆ, 1 v. in-12. 1 f. 25 c.

PLUTARQUE DES DEMOISELLES, par PROPIAC. Troisième édition. Deux vol. in-12. 6 f.

PSAUTIER DE DAVID, nouvelle édition, 1 vol. in-12. 1 f.

RÉCRÉATIONS D'EUGÉNIE, Contes propres à former le cœur et à développer la raison des enfans; par madame DE RENNEVILLE. Troisième édition. Un vol. in-18 orné de 4 jolies fig. 1 f. 50 c.

RELIGION (LA), poëme, par RACINE, 1 v. in-18. 1 f. 50 c.

RÉVOLUTION DE CONSTANTINOPLE EN 1807 ET 1808, par M. JUCHEREAU DE SAINT-DENIS, colonel d'état-major, chevalier de la Légion d'Honneur et de l'ordre du Croissant ottoman. Deux volumes in-8. 9 f.

SELECTÆ E NOVO TESTAMENTO, Historiæ ex Erasmo desumptæ, 1 vol. in-18. 1 f. 40 c.

SECRET (LE) DE LA JEUNE FILLE, par A. P. F. N., 4 vol. in-12, avec fig. 10 f.

TRAITÉ DE LA VENTE, par POTHIER, 1 vol. in-32. 2 f.

DE LA MORT CIVILE EN FRANCE, par M. DESQUIRON DE SAINT-AGNAN, avocat près la Cour royale de Paris. Un vol. in-8. 7 f.

VÉRITABLE (LE) ESPRIT DE J.-J. ROUSSEAU, ou Choix d'observations, de maximes et de principes sur la morale, la religion, la politique et la littérature, par M. l'abbé SABATIER, 3 vol. in-8. 15 f.

VIES DES SAINTS, pour tous les jours de l'année, avec une prière et des pratiques à la fin de chaque vie, nouvelle édition, augmentée de la vie de plusieurs Saints, par MÉSENGUY, gros vol. in-12. 3 f.

VIE DE SAINT-LOUIS DE GONZAGUE, de la Compagnie de Jésus, 1 vol. in-12. 2 f. 50 c.

VISITES AU SAINT SACREMENT ET A LA SAINTE VIERGE, pour chaque jour du mois, in-18. 1 f.

VIES DES ENFANS CÉLÈBRES, ou Modèles du jeune âge, par FRÉVILLE, 2 vol. in-12, avec 4 fig. 5 f.

VOYAGE DE CHAPELLE ET BACHAUMONT, suivi de quelques autres voyages dans le même genre, belle édition, orné d'une jolie gravure, 1 vol. in-32. 1 f. 50 c.

VOYAGES (LES) DE GULLIVER, traduits de SWIFT par DESFONTAINES. Nouvelle et très-jolie édit. Quatre volumes in-18, ornés de huit belles gravures, Paris. 6 f.

ARITMÉTIQUE ÉLÉMENTAIRE THÉORIQUE ET PRATIQUE, par JOUANNO. Un vol. in-8. 3 fr. 50 c

COURS D'HISTOIRE DE LA PHILOSOPHIE, par M. V. COUSIN. Trois forts vol. in-8, comprenant :

INTRODUCTION GÉNÉRALE à l'Histoire de la Philosophie. Un fort vol. in-8, avec portrait. Cours de 1828. 11 fr.

HISTOIRE DE LA PHILOSOPHIE au 18º siècle. Première partie. Cours de 1829. Deux vol. 18 fr.

COURS DE LITTÉRATURE FRANÇAISE, par M. VILLEMAIN. Deuxième partie. Cours de 1828. Un très-fort volume in-8. Portrait. 11 fr.

Troisième et quatrième parties. Cours de 1829. Deux volumes in-8. 18 fr.

COURS D'HISTOIRE MODERNE, par M. GUIZOT, comprenant :

HISTOIRE DE LA CIVILISATION EN EUROPE, depuis la chute de l'Empire romain jusqu'à la Révolution française. 1828. Un fort vol. in-8. Portrait, 11 fr.

HISTOIRE DE LA CIVILISATION EN FRANCE, depuis la chute de l'empire romain jusqu'en 1789. Première époque, jusqu'au 10e siècle. Cours de 1829, Trois vol. in-8. 27 fr.

COURS DE CHIMIE GÉNÉRALE, par M. LAUGIER. Trois forts vol. in-8, avec un bel atlas de planches et de tables. 24 fr.

CHIMIE APPLIQUÉE A LA TEINTURE, en 30 leçons, par CHEVREUL. Deux très-forts volumes in-8, avec planches. 24 fr.

LÉGISLATION GÉNÉRALE DE LA FRANCE, par le baron LOCRÉ. In-8. Il y a 22 vol. parus. Le prix de chaque volume est de 7 fr.

NOUVEAU RÉPERTOIRE DE JURISPRUDENCE de SYRIES. Un vol. in-8. 7 fr.

PRÉCIS HISTORIQUE DE LA MAISON D'ORLÉANS, avec notes, tables et tableau. Un vol. in-8, orné d'un très-beau portrait. 5 fr.

PRÉCIS DES RECHERCHES HISTORIQUES SUR LES SLAVES. Un vol. in-4. 9 fr.

CARACTÈRES DE LA BRUYÈRE. Deux vol. in-18. 5 fr.

ESSAI SUR LES FIÈVRES RÉMITTENTES ET INTERMITTENTES des pays marécageux tempérés, par F. NEPPLE. Un vol. in-8. 4 f. 50 c.

ILE (L') DES FÉES, ou la bonne Perruche, contes moraux à l'usage de la jeunesse, par Mlle VANHOVE. Deux vol. in-18, ornés de 8 jolies figures. 3 fr.

LA STÉNOGRAPHIE, ou l'Art d'écrire aussi vite que la parole; méthode simplifiée, d'après les systèmes des meilleurs auteurs

français, avec 4 planches, par C.-D. LAGACHE. Un vol. in-8.
3 fr. 50 c.

MÉTHODE DE LECTURE ET D'ÉCRITURE, d'après les principes d'enseignement universel de M. JACOTOT, développés et mis à la portée de tout le monde, par BRAUD. Un vol. in-4. 1 fr. 50 c.

HISTOIRE DU ROYAUME DE LA CHERSONNÈSE TAURIDE. Un vol. in-4. 0 fr.

LA CHINE, Mœurs, Usages, Costumes, Arts et Métiers, Peines civiles et militaires, Cérémonies religieuses, Monumens et Paysages, par MM. DEVERIA, REGNIER, SCHAAL, SCHMIT, VIDAL, etc., avec des Notices explicatives et une Introduction, par MALPIÈRE. Trois vol. in-4 à 12 fr. la livraison. Un grand nombre sont en vente.

CHOIX DES PLUS BELLES FLEURS, et de quelques branches des plus beaux fruits, par P.-J. REDOUTÉ. A 12 fr. la livraison.

HISTOIRE NATURELLE DES MAMMIFÈRES, avec des figures originales coloriées, dessinées d'après des animaux vivans, par M. GEOFFROY SAINT-HILAIRE et par M. FRÉDÉRIC CUVIER. In-4 à 9 fr. la livraison.

COLLECTION DE MÉMOIRES POUR SERVIR A L'HISTOIRE DU RÈGNE VÉGÉTAL, par M. A. P. DE CANDOLLE.

1er Mémoire sur la famille des MÉLASTOMACÉES, avec 10 pl. 10 fr.
2e Id. id. des CRASSULACÉES, avec 13 pl. 8 fr.
3e Id. id. des ONAGRAIRES, avec 3 pl. ⎫
4e Id. id. des PARONYCHIÉES, avec 6 pl. ⎬ 8 fr.
5e Id. id. des OMBELLIFÈRES, avec 10 pl. 15 fr.

MÉMOIRES ET CORRESPONDANCES DE DUPLESSIS-MORNAY. Douze vol. in-8. 8 fr.

Pour recevoir les ouvrages franc de port, il faut ajouter 50 c. par vol. in-18, 1 f. par vol. in-12, 1 f. 50 c. par vol. in-8. — On est prié d'affranchir les lettres.

PARIS. — IMPRIMERIE DE COSSON.

in-8.
50 c.
prin-
t mis
50 c.
TOE.
9 fr.
cines
Pay-
etc.,
MAI-
sont

nches
on.
es fr
ans,
In-4

OIRE

10f.
8 f.
8 f.
15 f.
TOB.
84 fr.
50 c.
in-8.

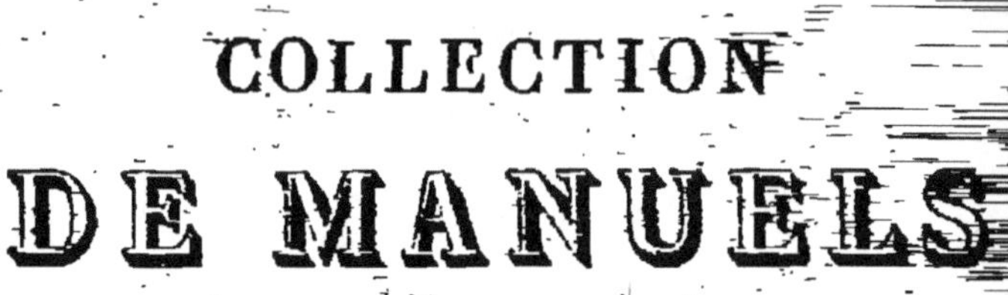

COLLECTION

DE MANUELS

FORMANT UNE

ENCYCLOPÉDIE

DES SCIENCES ET DES ARTS,

FORMAT IN-18;

Par une réunion de Savans et de Praticiens;

MESSIEURS

AMOROS, BORY DE SAINT-VINCENT, BOITARD, CHORON, le comte DE GRANDPRÉ, HUOT, JULIA DE FONTENELLE, LACROIX, LAUNAY, Sébastien LENORMAND, LESSON, PERROT, RIFFAULT, TARBÉ, TERQUEM, VERGNAUD, etc., etc.

Tous les Traités se vendent séparément; pour les recevoir franc de port, il faut ajouter 50 c. par volume.

Cette Collection étant une entreprise toute philanthropique, les personnes qui auraient quelque chose à nous faire parvenir dans l'intérêt des sciences et des arts, sont priées de l'envoyer franc de port à l'adresse de M. le *Directeur de l'Encyclopédie in-18,* chez ROBET, libraire, rue Hautefeuille, nº 10 *bis,* à Paris.